インプレスR&D［NextPublishing］

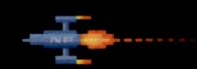

技術の泉 SERIES
E-Book / Print Book

技術と法律

Smips 技術と法律プロジェクト ｜ 編

JN208546

最新テクノロジーの法的側面を
気鋭の執筆陣が解説！

impress
R&D
An Impress
Group Company

Contents

お金にまつわるリエンジニアリングへの期待

電子機器を製品化する際に必要な法的対策

ハッカソンから考える法と政策制度〜いくつかの論点提示の試み〜

エンタメと知財分科会とは〜1年半の軌跡〜

はじめに

　技術の世界において、エンジニアがコンピュータを動作させるために組み上げるプログラムのことを「コード（Code）」と呼びます。

　一方、法律の世界において、立法府や行政機関が、国や組織の行動のルールとして作り上げる法令のことも「コード（Code）」と呼ばれます。

　2つの「コード」は、技術者と法律家という全く異なる人たちにより、交わることなく、それぞれの進化を遂げてきました。

　しかし、昨今の科学技術の急激な進歩、特に参考のIT/ICT技術の進歩により、技術が法律に、法律が技術に影響を与える時代が到来しています。

　また、"Legal Tech"など、法律自体がエンジニアリングの対象となる動きも勢いを増す一方で、人工知能や仮想通貨などの新技術を、どのようなルールで社会に馴染ませていくかといった宿題も山積みです。

　そこで、わたしたちは、技術者と法律家が互いの「コード」を理解するための場として、2つのプラットフォームを作ることにしました。

　ひとつは、技術者と法律家が、技術と法律が交錯するテーマについて、自由に論稿を投稿できる本書「技術と法律」です。

　そして、もうひとつは、技術者と法律家が、それぞれ自身の分野の情報を他方に提供し、技術者と法律家の交流を図るLT会「Study Code」[1]です。

　まだまだ試行錯誤の状況であり、本書もあくまで準備号ですが、2つの「コード」が共に発展する一助となることを祈念し、ここに「技術と法律」を刊行します。

2018年1月吉日
「技術と法律」共同編集代表
足立昌聰

1.https://studycode.connpass.com/

民事訴訟におけるソースコードの取り扱いについて

弁護士法人淀屋橋・山上合同 弁護士・応用情報技術者　伊藤太一

1　はじめに

　民事訴訟において、ソフトウェアの仕様が問題となる事例はいくつか考えられるが、その多くは、①特許権侵害、著作権侵害、不正競争防止法等を理由とする知的財産訴訟、②システム開発に関連する損害賠償請求の二種類に属すると考えられる[1]。

　これらの訴訟において、一方当事者から立証活動のために、相手方が保有するソースコードの提出を求められることが少なくない。

　しかし、裁判所が、ソースコードを精査して判決をすることはあまりない。例えば、株式会社マネーフォワードの仕訳システムが、フリー株式会社の仕訳システムに関する特許権を侵害していたか否かが問題となった裁判例[2]において、原告であるフリー株式会社は、株式会社マネーフォワードに対し、後述する文書提出命令の申し立てを行い、株式会社マネーフォワードの仕訳システムのソースの開示を求めたが、裁判所はこれを認めないまま弁論を終結し、フリー株式会社の請求を棄却した。

　一方、技術者からすれば、ソースコードはノウハウの塊という意識があり、これを見れば請求の当否は一目瞭然であるとの意識があるようにも思われる。

　そこで、本項では、民事訴訟におけるソースコードの取り扱いについて検討し、技術者と裁判所の発想のずれを考察したい。

2　ソースコードの訴訟法上の取り扱い

　ソースコードは、訴訟法上、記載されている字面を問題とするのではなく、記載されている思想的意味内容を証拠資料として収得するものであるから、書証（民訴法219条）として取り

---

1. 平成29年9月26日午前11時の時点で、株式会社エル・アイ・シー提供の判例検索システムである判例秘書において「ソースコード」をキーワードとして民事事件全体を検索したところ、128件がヒットした。概観ではあるが、そのうち、100件程度は知財訴訟であるように見受けられた。

2. 東京地判平成29年7月27日。なお、特許権侵害は否定されている。

3. なお、HDDやDVDに保存されたデータについても、準文書として、紙媒体としての文書に準じた規律が及ぶので（民訴法231条）、以下、紙媒体によるかデータによるかを問わず検討する。なお、データについては、必要な場合、プリントアウトして可読な状態にすることが想定されていることを理由に、データの提出義務が認められる場合、これをアウトプットするためのプログラムも提供する義務を負うという裁判例（大阪高決昭和53年3月6日高民集31巻1号38頁）がある。

調べられることとなる[3]。

書証の申し出は、①所持者自ら提出する方法、②自ら所持しない場合に、所持者に文書の送付を嘱託する方法、③提出を拒む相手に対し、文書提出命令の申し立てを行う方法がある（民訴法219条、226条）。このうち、②の文書送付嘱託については、あくまでも任意の送付を嘱託するものであり、裁判所を介した嘱託がなされるとはいえ、提出義務が課されるものではないし[4]、従わない場合の制裁もない。一方、③の文書提出命令であれば、命令の対象が訴訟当事者であって、かつ、これに従わない場合、裁判所は

文書の記載に関する文書提出命令申立人の主張を真実と認めることができる（民訴法224条1項）[5]。ただし、第三者が従わない場合は、決定で20万円以下の過料に処せられるのみであり、真実擬制効は働かない（民訴法225条1項）[6]。以下、本稿の場面設定は、相手方が所持するソースコードを利用した立証をしたいものの、これを所持しておらず、かつ、相手方が任意の開示を拒むことが前提となるので、文書提出命令の問題に重点を置いて論じることとする。また、本稿では、私文書たるソースコードに限定して検討する。

3 文書提出命令への壁

文書提出命令については、二つの壁がある。すなわち、①文書提出義務の有無と②証拠調べの必要性である。

文書提出義務

民訴法220条は、一般的に提出義務を法定している一方、同条4号イ～ホにおいて提出義務

を免れる場合を定めている。

ソースコードは、特に4号ハの技術文書該当性や同号ニの専ら文書の所持者の利用に供するための文書（自己専文書）に該当するかが問題となる。

この点、オープンソースであったり、契約当事者へのソースコードの提供が約定されていたりすると、自己専文書に該当するとはいえない

---

4. 通説ではあるが、近時、個人情報保護を理由とする提出の拒絶が頻発することで、訴訟という公的手続における資料収集に支障を来しているとの問題意識から、少なくとも公法上の義務が課され、開示について正当な理由があることを理論づけるものとして、梅本吉彦「民事訴訟手続における個人情報保護」法書時報60巻11号3409頁がある。調査嘱託（民訴法186条）が、調査対象団体に公法上の回答義務を負わせることについては争いがないところ、調査嘱託と文書送付嘱託では、主体が、裁判所と当事者という点で異なるが、手続保障の上での真実発見の要請という公益的目的に基づく制度であることにおいて両者に違いはない。当事者が裁判所か当事者かという点についても、調査嘱託は、当事者の主観に依らない客観的事項について回答を求めることとされていることに鑑みれば、裁判所が自らこれを調査しても公平性の問題がないので、裁判所が主体となっているのであり、訴訟における資料収集を行っているという点では文書送付嘱託と同様の機能を果たしているし（回答内容の客観性は、公益的な観点からの回答義務を課するか否かには直接影響しないものと考える。）、実務上も、当事者からの申出に基づき裁判所がその申出を採用する形で調査嘱託をしていることがほとんどであることを併せ考えるなら、文書送付嘱託の場合に公法上の義務を課して差し支えないと考える。

5. あくまでも文書の記載に関する主張であって、文書から立証しようとしている事実について真実擬制が働くわけではないことに注意が必要である。ソースコードを例に取ると、ソースコードに「printf（"hogehoge"）」という記載があるから特許権侵害があるとの主張をしているときに、真実擬制効が働くのは、あくまでも書証の記載内容であるソースコードに「printf（"hogehoge"）」という記載があるとの事実であり、特許権侵害があるとの事実が真実であると認められるわけではない。また、裁判所は、真実と認めることが「できる」だけであって、認めなければならないわけではないことにも留意が必要である。

6. ただし、当該第三者が、命令の対象者と実質的に同一とみられるような特別な関係があり、命令の対象者が提出を拒ませているような場合等は、法律上、真実擬制をすることができなくとも、弁論の全趣旨（民訴法247条）や訴訟上の信義則（民訴法2条）によって、真実擬制と同様の効果を及ぼすという立論があり得るように思われる。

し、また、場合によっては、220条2号により開示義務が認められることもある。しかし、特許権侵害のように、契約関係にない当事者間での紛争の場合、ソースコードを提供すべき状況が考えがたく、また、ソースコードがノウハウの塊であることからすると、技術文書該当性や自己専文書該当性が争われるように考えられる。

なお、特許訴訟や著作権訴訟においては、民訴法上の文書提出義務除外事由である技術又は職業の秘密に関する文書（民訴法220条4号ハ、197条1項3号）であっても、正当な理由がなければ提出を拒むことができないとされている（特許法105条1項、著作権法114条の3）。

以上のように、ソースコードは、ノウハウの塊であるが故に、外部へ漏洩すると事業に多大なる影響を及ぼしかねず、文書提出義務が否定され、文書提出命令の申し立てが却下されることが考えられる。

この却下決定又は文書提出命令を認める旨の決定に対しては、即時抗告ができる（民訴法223条7項）。文書提出命令を巡る争いは、却下された申立人にとっては、後述するように、証拠調べの必要性があり、取り調べられることで裁判所の心証が変わりうるにもかかわらず取り調べてもらえないものであり立証計画を根本的に見直さざるを得なくなりうることから、開示を命じられる側にとっては、重大な事業秘密の開示を求められ得ることから、厳しい争いになることが多く、抗告審や、場合によっては、許可抗告の申し立て（民訴法337条1項）によって、最高裁にまで至る場合もある。その間、本案の進行が事実上止まらざるを得なくなるから[7]、訴訟遅滞を招き、場合によっては、技術の陳腐化が生じるリスクも考えなければならない。

証拠調べの必要性

しかし、実務上より大きな壁となるのは証拠調べの必要性（民訴法181条1項）である。

裁判所は、たとえ当事者が申し出た証拠方法であっても、取り調べの必要性がなければこれを却下することができる。

ここで、前記のとおり、文書提出命令の申し立てについての決定に対しては、即時抗告ができるが（民訴法223条7項）、申し立てを却下した理由が、証拠調べの必要性なしである場合は、即時抗告ができず、判決理由に対する不服申し立て手段である控訴によらなければならない[8]。法文の定めに反するとの見解もあり得ようが、そもそも却下決定に対する抗告とは、口頭弁論を経ないで訴訟手続きに関する申し立てを却下した決定に対する不服申し立てであり（民訴法328条1項）、口頭弁論を経てなされる裁判である判決に対する不服で賄われるものは対象とならない。証拠調べの必要性なしとは、換言すれば、これを取り調べなくても事実認定ができるとの証拠価値の判断の問題であり、自由心証主義（民訴法247条）の問題であるから、判決に対する不服申し立てである上訴によって検討されるべき問題である[9]。

さて、一般論としていうと、文書所持者が書証として文書を提出することについて、裁判所が証拠調べの必要性をいちいち精査し、個別に採否を検討することはないといってよい[10]。しかし、鑑定・検証・証人尋問・文書提出命令等、手続きが重くなればなるにつれ、裁判所は、証

---

7. なお、即時抗告は、執行停止効があるので（民訴法334条1項）、認容決定が出たとしても、即時抗告審の判断が出るまでは、文書の提出がなされることはない。

8. 最高裁平成11年（許）第20号同12年3月10日宰一小法廷決定・民集54巻3号1073頁。

9. 逆にいうと、文書提出理由なしで却下する場合、取調べの必要性は肯定されているのであるから、取調べをすれば心証が変わる可能性がある。そうすると、当該審級における判断を尽くさせる必要があるので、抗告によって判断の誤りを是正させる必要があるといえる。

10. 例外は、時機に後れた攻撃防御方法である場合（民訴法157条）や、違法収集証拠等を理由とし、証拠能力が争われる場合などであろう。

拠調べの必要性について慎重な判断を行う傾向がある。これは、証拠収集については、第一次的に当事者が行うべきで、裁判所を用いた手続きは補充的に用いるべきという建前によるものと考えられるが[11]、それ故、代替方法による立証が可能であり、かつ、そちらで心証形成が十分にできるのであれば、必要性なしとして却下されることが多いといえる。

このことは、主張立証責任を負う側が文書提出命令の申し立てを行う場合、特に深刻になる。すなわち、正面突破をしようとして文書提出命令を申し立てたら、脇道で敗訴の心証を取られ、本案ごと文書提出命令の申し立ても却下されるという、踏んだり蹴ったりの状態ができることとなるのである。

なお、文書提出命令の申し立てに対し、独立した決定書が作られる事例もないではないが、実務上、口頭弁論終結の際には判断を留保し、判決書において、代替方法による心証形成ができたが故に、必要性があるとはいえないとして却下される事例も少なくない[12]。

即時抗告ができる決定であれば、実務上、決定書を送達することで、確定の有無を明らかにする趣旨で、決定書が作られることが多いが、先述のとおり、必要性なしの場合は即時抗告がで

きないから、決定書を作成せず、判決で却下をする例が多いことになる。

ここで、文書提出命令全体で、判決による却下が多い傾向が見受けられると言うことは、換言すれば、多くは必要性なしで却下されていることがわかるのである。

文書提出命令の審理手続きについての補足

なお、手続き面にも若干補足する。証拠調べの必要性の有無については、民訴法と特許法では若干異なる問題がある。すなわち、当事者としては、文書提出命令の判断が出る前は、証拠を見てもらっていないのであるが、それなのに必要性がないとはどういうことか、という疑問が生じる。この点、民訴法223条6項は、文書提出義務の存否を判断するために、裁判所が、裁判所限りで文書を閲覧することができる、いわゆるインカメラ手続きを定める。しかし、これはあくまでも文書提出義務の存否の判断のための手続きであって、証拠調べの必要性のための手続きではない。そのため、証拠調べの必要性について、同手続きを利用することはできない。

一方、特許法105条2項は、特許法上の文書

---

11. ただし、理論的にこのような考え方をどう位置づけるかは検討が必要であろう。すなわち、証拠収集については当事者の権能であるとする弁論主義の第3テーゼは、あくまでも、職権で証拠調べができる場合が例外的なものであるとしているのみであり、当事者の申立てによって裁判所の資源を用いることについて直接言及しているものではない。そうすると、訴訟の必要性判断において、手続の軽重を考慮することがなぜ正当化されるかは別の要素が働いているといわざるを得ない。なお、私見では、訴訟経済上の理由によって、より軽い手続きによることで同じ結論に至ることができるならば、その手続によるべきということができるように考える。また、私見は、この考え方により、重い手続きを必要性なしとする場面があることについて、当事者の費用負担、特に、当該重い証拠調べを希望していないにもかかわらず、かつ、他のより軽い証拠調べによって同じ結論を得ることができたにもかかわらず、訴訟費用として当該重い手続きにかかった費用の一部ないし全部を負担させられ得る当事者の負担を考えるならば、基本的には、賛同する。ただし、およそ他の軽い手段があるならそれによるべきとまで硬直的な運用を行うのは、たとえ結論が変わらないが故に、控訴審において手続違背に問いがたいものがあるとしても、拙速の誤りを受ける危険があり、証拠調べ手続きに対する信頼を損なうものである。建前上、心証形成中に証拠調べの必要性を判断することになる以上は、当事者双方からの意見聴取、申出人の立証責任が他の証拠でどの程度尽くされているかなど、訴訟に現れた一切の事情を検討して、緩やかな比例原則的判断を行うべきであると考える。

12. 理論的には、口頭弁論は、訴訟が裁判をするのに熟したときに終結するので（民訴法243条1項）、判断留保の状態で口頭弁論を終結するということは取り調べなくても裁判をするのに熟している、すなわち取調べの必要性がないといっているのに等しいといえる。ただし、口頭弁論終結後、判決書作成をしている際に、取調べの必要性があると判断するに至り、改めて口頭弁論を再開することもないとはいえないだろう。

提出義務の除外事由である「正当な理由」を判断するためにインカメラ手続きを利用することができるところ、かかる正当な理由とは営業秘密であることの他、訴訟追行上の必要性をも加味して総合的に判断されるものとされており、具体的には、営業秘密の開示により所持者が受ける不利益と書類が提出されないことにより申し立て当事者が受ける不利益が比較衡量されることとなる[13]。ただし、特許法105条2項は、当事者間でのみしか使えず、第三者に対し提出を求める場合は、なお、民訴法の規定によるしかない。

小括

　以上を要約すると、技術者と法律家の間でソースコードに対する見解の相違があるとすれば、証拠調べの必要性が鍵になると考えられる。では、どのように裁判所が証拠調べの必要性なしと考えているのかを検討することとしたい。

4　知財訴訟におけるソースコード

　誤解を恐れずにいうなら、知財訴訟というのは、インテリジェンス間違い探しである。そうすると、侵害製品と被侵害製品のソースコードを比較すれば侵害が明らかになるようにも思われる。また、被告側にとっても、ソースコードを比較させれば侵害していないことが一目瞭然であるといえそうである。

　しかし、ソースコード、特にアルゴリズムが端的に表れている部分は、正に、プログラムのコア中のコアというべきであり、オープンソース化しない限り、これを競業他社に開示するということはあり得ない。つまり、攻撃・防御をする側いずれにとっても[14]、ソースコードを提出することは避けたいという事情がある。

　また、そもそもソースコードを取り調べて何がわかるかも慎重な検討が必要である。すなわち、ソースコードをデッドコピーしているというの事案であれば別段、通常はそのようなことは考えがたく、結局は、ソースコード同士を比較して、技術的範囲に属するか否か、特にアルゴリズム等の設計思想の読み解きが問題となってしまうように思われる。そうであると、ソー

スコードの比較自体にはあまり意味がなく、むしろ、ソースコードの解釈を巡る紛争に発展するだけとも考えられる。

　ここで、前記マネーフォワード事件を検討したい。入力された摘要と出力される勘定科目の比較を行った結果、異なる出力（より正確には、フリー株式会社のシステムからは出現し得ない出力）が得られ、そこからブラックボックスである双方の自動仕訳システムの仕組みが違うと認定された。いわば、入力と出力という容易に可読な範囲から、ブラックボックスとなっている内部構造の非同一性を認定するという手法をとったといえ、その結果、技術的範囲に属さないと判断できるのであれば、これで足りるともいえよう。そもそも、プログラムを作成する際には、如何なる入力に対してどのような発想で出力をするかを検討し、これを実現するための手段としてコーディングを行うのであるから、入出力から得られるもののほうがより本質的な特徴を捉えているといえる場面も少なくないように思われる。

　そうすると、入出力等の内部構造を見なくと

---

13. 中山信弘「注解特許法　第3版」（青林書院）1182頁

14. もっとも、文書提出命令の申立てをする段階で、攻撃する側は自分のソースコードも開示しなければならないことは覚悟ができているであろう。

も技術的範囲に属するか否かが判断できるのであれば[15]、ソースコードを取り調べる必要性が

ある事例は限定されるのではないかと考える。

5　システム開発訴訟におけるソースコード

システム開発訴訟では、ユーザーから、ベンダーが作成したソフトウェアには瑕疵がある又は仕事として完成していないという主張がなされることが多い。ここで、ユーザーが求める機能と現実のソフトウェアの差が瑕疵として主張され、この立証手段としてソースコードを解読することが必要であると主張される。

しかし、そもそもユーザーとベンダーの間で、ソースコードレベルで合意するということがあるのであろうか。現実には、ユーザー側が要件定義や要求スペックを定め、これを実現するための内部設計についてはベンダー側が責任を持つというものであると思われる。もとより、定められた仕様の範囲を満たすのであれば、ソースコードの書き方についてはベンダーに相応の裁量があるといえるであろう。

そうすると、債務不履行といえるか、或いは瑕疵といえるかは、双方が合意した要件定義や要求スペックを満たしているか否かが問題となるのであって、ソースコードの出来不出来が、直接、瑕疵の存在や債務不履行を基礎づけるものではないように思われる。また、そもそも仕事の範囲のなるべき機能が搭載されていなかったというのであれば、ソースコードを見るまでもなく、債務不履行又は瑕疵が認定できよう。

なお、ソースコードにはバグがある場合が多く、これをもって瑕疵という主張を行うことも想定される。しかし、開発するシステムの規模にもよるが、一般論としていうと、ソフトウェア開発においてバグはつきものとさえいえるものであり、些細なバグであれば保守の中で修復されることが多い。そうすると、単にバグがあるからといっても、当該部分だけで個別にバグが修復できるのであれば瑕疵とはいえないように考えられるから、この点でもソースコードを見るべき必要性は乏しいように思われる[16]。

6　終わりに

以上検討したように、一般論として、これまでに提訴されている民事訴訟の類型では、ソースコードそのものを利用しなければならない立証というのは相当限定されるように思われる。技術者からすると違和感があるところであろうが、紛争が起こってから、過去を振り返り、主張立証責任というルールの中で解決する法的紛争において求められる立証と、As-Is から To-Be に向けてタスクを実現しなければならない技術者として検討する際の資料が異なるということで整理ができない出だろうか。もちろん、筆者としても、ソースコードが必要となる場面が存することを否定するものではない。しかし、一般論としていうと、ソースコードは判読が困難で、裁判所においても、敬遠される証拠の一つといって良いのではないかと思われる。そうで

---

15. もちろん、100％同じ入出力になると言うことは考えがたいが、入出力から推認されるアルゴリズム部分が同一といえるかは検討できるように思われる。

16. 著者が関与した判決ではあるが、大阪地判平成26年1月23日判例時報2278号83頁が、債務不履行に当たるか否かを判断する際の一般論として、同旨のことを判示している。また、東京地判平成9年2月18日判例タイムズ964号172頁も同様の判示をしている。

あるなら、よりわかりやすい立証を行うという観点で、代替立証の模索を行うことも、技術者と法律家の不幸なずれを回避するために必要なことではないかと考える。

　ご批判を期待して、本稿を閉じる。

パーソナルデータの収集・利用と法規制

弁護士法人内田・鮫島法律事務所　弁護士 日置巴美

1　はじめに

　人や物に関するデータに代表される様々なデータを活用し、そこから得られる付加価値を用いて新規ビジネス・サービスを開発し、また、既存ビジネス・サービスを改良することが期待されて久しい。

　これらのデータは、消費者やビジネスの相手方に対して提供するサービスに付随して発生し、これを取得する場合、共同研究開発や業務委託に伴って相手方から提供を受ける場合、また、単純にこれらのデータを取り引き対象とする場合等、取得態様はさまざまである。そして、利活用態様も、利活用の目的によってさまざまである。

　本稿では、「個人情報の保護に関する法律」（平成15年法律第57号。以下、単に「法」または「個人情報保護法」という）による規制との関係で取り扱いに際して特に注意が必要となるパーソナルデータの収集・利用にフォーカスし、ポイントを解説する。

2　パーソナルデータとは何か

（1）パーソナルデータに含まれるデータ

　パーソナルデータとは、広く個人の行動・状態に関するデータのことをいう。これは、個人情報保護法の個人情報（法2条1項）に限定されない広い概念である。

　たとえば、DNA、指紋、虹彩等を解析した結果である生体情報、人の画像・映像、氏名、生年月日、性別、連絡先のような基本データ、決済に必要なデータ（クレジットカード、銀行口座のデータ等）、スマートフォン・パソコンの利用によって生じるログ（通信基地局との通信やGPSによって生じる位置情報・移動履歴（通信履歴に含まれる場合がある）、アプリの利用に伴って生じるデータ、ウェブサイトの閲覧履歴等）、センサによって取得する各種データ等、およそ人に関連するものである限り、すべてパーソナルデータに含まれる。

（2）パーソナルデータの収集経路

　（1）で示したものの収集経路については、本人がサービス（売買、ポイントシステム、アプリ、ゲーム等多種多様であって、また、有償・無償を問わない）を利用することに伴って発生・提供する場合、一定の区画に入った者について外観からカメラやセンサによって情報収集する場合、企業間等の本人以外がデータをやり取り

する場合が考えられる。

　これらの収集経路は、パーソナルデータの本人と直接的関係があるか否かによって、収集に係る法的関係（本人と企業との契約書による契約や、本人が同意する利用規約によるもの、企業間の契約、また、なんら法的関係がないものもある）が異なると考えて良い。また、データによっては個人情報に該当するものもあるが、その場合の適用条項、具体的な対応方法が異なることとなる。

3　パーソナルデータの収集・利用と法規制

　2（1）の通り、パーソナルデータは広い概念であり、個人情報保護法の個人情報が含まれる。したがって、パーソナルデータを取り扱うにあたっては、はじめに個人情報該当性を判断し、個人情報に該当する情報は、個人情報保護法に則った適切な取り扱いを行わなければならない。

　以下では、（1）個人情報該当性、（2）個人情報の適切な取り扱いの概要、（3）データ利活用と個人情報保護法という項目に分けて、個人情報保護法の下でパーソナルデータを収集・利用するためのポイントを説明する。

（1）個人情報該当性

（ア）個人情報とは何か

　個人情報とは、（ⅰ）生存する個人に関する情報であって、（ⅱ）特定の個人を識別することができるもの（他の情報と容易に照合することができること〈以下「容易照合性」という〉によって特定の個人を識別することができるものを含む・法2条1項1号）、または（ⅲ）個人識別符号（同条同項2号、同条2項）に該当するものをいう。なお、個人識別符号は（ⅱ）のうち性質上特定の個人を識別することができ、かつ、明確化することが必要であるとされたものであって、政令で定められる（個人情報の保護に関する法律施行令〈以下「施行令」という〉第1条、個人情報の保護に関する法律施行規則〈以下「施行規則」という〉第2条から4条まで）。身体的特徴を数値化したデジタルデータ（DNA、指紋、虹彩等を解析した結果であって具体的人物を特定し得るものに限定される）、マイナンバー、運転免許証や旅券の番号等がこれに当たる。

　このように、個人情報該当性は、特定の個人を識別することができるか否かによって定まるところ、その要件が具体的にどのような情報を対象とし、また、判断基準はどのようなものか、個人識別符号が設けられたといえどもわかりにくいと言わざるを得ない。

　それでは、特定の個人を識別することができるとは何か。これは、情報単体または複数の情報を組み合わせて保存されているものから、社会通念上そのように判断できるものをいうとされる。もう少し平たくいえば、一般人の判断力や理解力によって、具体的な人物と情報との間に同一性を認めるに至ることができるものであり、これが法の保護対象となるか否かの本質部分である。たとえば、氏名や顔が判別できる画像・映像が典型的な個人情報であり、それ単体で具体的な人物を識別することができるものである。また、生年月日・住所・携帯電話番号・性別・所属というように、複数の情報が組み合わせられることによって具体的な人物を識別することとなる場合もある。

　さらに、単体又は複数の情報が組み合わさったとしても具体的な人物を識別することができない情報であっても、その情報を取り扱う者（個人情報取扱事業者・法2条5項）にとって、容易照合性があるとして個人情報該当性が認めら

れるものもある（（イ）にて詳述）。

　以上のとおり、個人情報該当性は、単に氏名の有無に左右されるものではないこと、さらに、容易照合性の要件があることによって、個人情報該当性が認められる情報があることに注意しなければならない。

（イ）個人情報の加工と個人情報該当性

　個人情報を加工し、そこに含まれる氏名等の記述等を削除することによって、加工後のデータ単体では特定の個人を識別することができないとしても、個人情報に該当しなくなったと考えることは早計である。なぜなら、個人情報には、容易照合性があることによって特定の個人を識別できる情報が含まれるためである（（ア）（ⅱ）のかっこ内の要件）。この容易照合性とは、個人情報取り扱い事業者が保有する各情報に内部でアクセスできる者の存否、社内規程の整備等の組織的な体制、情報システムのアクセス制御等の技術的な体制等といった取り扱う情報の内容や利活用の方法等、情報を実際に取り扱う個人情報取り扱い事業者に認められる事情を総合的に勘案して判断されるものである。たとえば、加工前後の情報に共通のIDが付されており、照合が可能となるようにしている場合は容易照合性が認められやすい。また、加工後の情報に詳細な内容の記述等が残されている場合、これを加工前の情報と一対一で突き合わし得ることから、容易照合性が否定されないことも考えられる（平成25年にこの点が争点となった大手交通系企業による乗降履歴情報の加工・販売の例がある）。

　このように、容易照合性は厳格な要件とされていることから、a. もはや個人に関する情報とすらいえない状態（たとえば、統計情報）になるまで加工を施すか、b. 積極的なデータ活用のために新たに設けられた「匿名加工情報」（法2条9項）を作成するかのいずれかによって対応することが考えられる。

（2）個人情報の適切な取り扱いの概要

　ここでは、2（2）の収集経路の別を前提に、収集経路のそれぞれに代表的な例として、（a）通信販売サイトに会員登録をして商品を購入する場合、（b）画像・映像を収集者の管理する区域内にカメラを設置して収集する場合、（c）企業間でのデータ取り引きについて、個人情報の適切な取り扱いを概観する。

　なお、個人情報のうち要配慮個人情報（人種、社会的身分、病歴（これに類するもの）等。法2条3項、施行令2条、施行規則5条）については別途義務が加重されていることから、実際にデータを収集する際は、要配慮個人情報該当性の判断と、該当する場合の必要な対応（取得に係る本人同意等（法17条2項））が求められることに注意しなければならない。

（ア）取得

　個人情報を取得するにあたっては、（ⅰ）偽りその他不正の手段による取得が禁止され（適正な取得。法17条1項）、（ⅱ）特定した利用目的について、あらかじめ公表し、または、速やかに公表若しくは本人に通知する（書面への記入やデジタルデータの入力によって個人情報を取得する場合は、取得に際して利用目的を明示する必要がある）こと（取得に際しての利用目的の通知等。法18条1項・2項）が求められる。なお、利用目的の特定については（イ）で詳述する。

（a）通信販売サイトに会員登録をして商品を購入する場合

　この場合、会員登録して商品を購入しようとする消費者から、商品購入のために直接個人情報を取得する限り、多くの場合が適正な取得と評価できる。ただし、虚偽の利用目的を告げ錯誤に陥らせるなどして情報を取得する場合や、取得しないと説明していた項目について取得する場合には、不適正と判断されることがあり得る。

　会員登録に際して取得する個人情報について

は、その利用目的を明示する必要がある（その後の継続的なデータ収集についても、ここで併せて利用目的を明らかとすることが通常と言ってよい）。多くの場合、利用規約およびプライバシーポリシーを示して対応している。その中で、利用目的を記載することとなる。

（b）画像・映像を収集者の管理する区域内にカメラを設置して収集する場合

まず、プライバシー侵害との問題で、社会通念上許容される範囲を超えた態様（撮影場所、撮影内容・利用目的、撮影方法等を勘案する。）であるか否かによって、不適正な取得とされることがあり得る。自らが管理する敷地内において「防犯カメラ作動中」等として注意喚起しつつ撮影することについては、適正な取得であるといえる。

このとき、利用目的については、撮影用カメラの下等の被写体が把握できる場所に記され、公表されることが多い（適正取得の点と相まって、単に自社ホームページ上に掲載する例は少ないように思われる）。

（c）企業間でのデータ取り引き

企業間でのデータ取り引きにおいては、提供者・受領者のそれぞれにおいて適切な対応が求められる。

提供者側では、（ⅰ）利用目的において第三者提供する旨定め、これを公表もしくは本人に通知し、または本人に明示する、（ⅱ）第三者提供することについて、本人の同意を得る（例外によることも可能（法23条2項、5項））、（ⅲ）記録義務に対応する（法25条）ことが必要となる。

受領者側では、利用目的の特定とその公表等が必要となるとともに、提供者側の記録義務（ⅲ）と対になる義務である確認・記録義務（法26条）に対応する必要がある。この確認・記録の内容として、個人情報の取得の経緯と本人同意という事項があるところ、これによってそもそも個人情報が不正に取得され、流通していることが疑われる場合には、取得しないことが望ま

しいところである。仮に、受領者が不正であることを知りながらこれを受領した場合には、不適正な取得とされることがあり得る（なお、取得した情報が、受領者にとって個人情報・個人データに該当しないのであれば、確認・記録を含めて個人情報保護法の義務に対応する必要はない）。

（イ）利用

利用に際しては、まず、個人情報の利用目的をできる限り特定しなければならない（法15条1項）。法が求める程度に特定できているか否かは、個人情報取扱事業者が個人情報をどのような利用目的で利用するかについて、本人が明確な認識をもつことができる程度に具体的であることが求められる。この判断基準は一般人であり、一般的かつ合理的にどのように利用されるか想定できる程度に特定する必要がある。単にお客様サービスの向上等の抽象的な内容とすることでは足りない。利用目的による制限があるために、個人情報の取り扱い開始の段階で予定しない利用目的を羅列することや、漠然とした利用目的とする例が、実務上散見される。これに対しては、後述の目的外利用（法16条1項）に当たるとされる場合があることに注意が必要である。

個人情報の取り扱いは、特定した利用目的の範囲内で行うことが原則であり、個人情報の取得後新たな利用ニーズが生じたとしても、法の定めに従う必要がある。利用目的の変更は、変更前の利用目的と企図する利用目的との間に関連性を有すると合理的に認められる範囲内に限られる（法15条2項）。変更可能な範囲は一般人を基準に、本人が予期し得る限度であるか否かによって判断される。たとえば、第三者提供を伴わないような利用目的としていたにもかかわらず、事後に第三者提供をする旨利用目的を変更することは認められない。このような変更が許されない場合を含み、特定した利用目的の範囲を超える取り扱いを行う場合には、あらか

じめ本人の同意を得なければならない（法16条1項）。

（a）通信販売サイトに会員登録をして商品を購入する場合

たとえば、「当社は、ECサイト（サイト名）ご利用時の情報を、商品の取り引き管理、代金のお支払、配送その他の取り引きに関する手続きに利用します」等とすれば、自らが行う商品購入に必要な取り扱いがあると理解できる。その他、個人情報取り扱い事業者が新商品の開発の目的などで個人情報を取り扱うのであれば、「当社は、ECサイト（サイト名）の閲覧履歴・購買履歴を含む会員の情報を分析し、ECサイト（サイト名）において、販売する新商品の開発に利用します。」とすることが考えられる。

（b）画像・映像を収集者の管理する区域内にカメラを設置して収集する場合

たとえば、防犯カメラについては「当社は、店舗内に設置したビデオカメラで取得したお客様の顔を含む映像を録画し、犯罪行為等の防止・発覚時の対応等のために利用します。」とすることや、近時の店舗内での消費者の動きをマーケティングに活用することについては「当社は、店舗内に設置したビデオカメラで取得したお客様の顔を含む映像を録画し、顔認証データの作成・照合によって店内での行動を把握し、滞留場所・時間等の行動履歴を分析することで○○についてのマーケティングに利用します」等とすることが考えられる。

（c）企業間でのデータ取り引き

提供者は、第三者提供が行われる旨理解できるような利用目的を特定する必要がある。データを販売すると規定することでも良いが、本人の理解を得るためには、削除する項目（氏名、住所等）を明示することや、提供する項目を列挙しつつ、第三者に提供することを明示する方がより同意を得やすいように思われる。

受領者は、取得した情報が個人情報に該当するかを判断する必要がある。これは、特に提供者が氏名等を削除したデータを提供する場合、受領者にとってそれが個人情報に該当しない場合があるためである。その上で、個人情報に該当する場合には、利用目的を特定し、必要な措置を講ずることが求められる。

（3）データ利活用と個人情報保護法

匿名加工情報とは、①個人情報を加工して得られる個人に関する情報であって、②特定の個人を識別することができず、③当該個人情報を復元することができないものをいう。その加工について、施行規則19条に定める②③の基準を満たすのに必要な基準に従う必要があり（適正加工。法36条1項）、また、匿名加工情報を取り扱うことについて、元の個人情報の本人を識別するために他の情報と照合するなどの行為が禁止される（識別行為の禁止。法36条5項、法38条）等、一定の取り扱いが求められるものの、本人同意が不要となるなど、目的外利用や第三者提供の制限が外れるために自由な活用が期待されている。

個人情報、3（1）a. の情報とb. 匿名加工情報と、3（1）（イ）a. b. の情報と個人情報のいずれを活用するかは、それぞれのメリット・デメリットを比較して判断する必要がある。

個人情報については、先に説明したとおり、目的外利用の制限、第三者提供の制限があるため、自由な自社内活用、社外提供は制限される。一方、加工の必要が無いことから、データの詳細さを確保でき、活用によって有意な結果を得ることができることや、また、本人に連絡するなどが可能である。

匿名加工情報は、識別行為の禁止義務を課せられるため、本人を割り出してアプローチするようなことはできない。また、施行規則19条は、1号から5号まででそれぞれ基準を定めているところ、特定の個人を識別することに繋がる記述の削除等（1号）、個人識別符号の削除等（2

号)、ID連携に使用しているIDの削除（3号）、特異値の削除（4号）、そして、加工する個人情報が含まれるデータベースの性質に則った加工（5号。たとえば、当該データベース内の外れ値を対象とする加工や、一般的に参照リスクが高い情報の加工が求められる）が必要とされる。基準を満たすように加工することによって、利活用の目的を達成できない場合もあり得るため、加工後の情報が有用なものとなるか否か確認を要する。一方、すでに取得して取り扱う個人情報について特定した利用目的を含め、利用目的制限がないことや、第三者提供に際して元の個人情報の本人から同意を取得する必要が無いた

め、同意取得のコストを負担しなくて良い。

統計等のもはや個人に関する情報とすらいえない状態にまで加工された個人情報保護法の保護対象外の情報については、そのような情報となっているか判断する負担があることや、加工後の情報によって活用ニーズを満たせるのか検討を要する。一方、当然個人情報保護法が定める適切な取り扱いを行う必要はない。

このように、活用ニーズを達成できるデータの類型を選択（実際のビジネススキーム上では各データの類型を組み合わせ、使い分けることが多い）し、管理コスト、法執行リスクを加味して必要な措置を検討されたい。

強いIoT特許を取得するには？

IoT知財ビジネス研究会　弁理士・中小企業診断士　木下 忠

1　強い特許権とは？

特許権には強い特許権と弱い特許権がある。一般に、強い特許権というのは、権利範囲が広い特許権であり、弱い特許権というのは権利範囲が狭い特許権である。例えば、まだ紙コップが知られていないという架空の世界において、「紙コップ」という特許権が取れた場合と、「ふた付きの紙コップ」という特許権が取れた場合の権利の強さを考えてみよう。

特許権の権利範囲は文章で表現される。「紙コップ」という特許権では、紙で製作されたコップはすべてこの権利範囲となり、紙コップを製造・販売等を行う第三者は権利侵害となる。「紙コップ」という特許権の権利者は、「ふた付きの紙コップ」を含むあらゆる種類の紙コップの利用を独占することができる[1]。一方で、「ふた付きの紙コップ」特許権の権利範囲はふた付きの紙コップに限定される。したがって、「紙コップ」の特許権の方が、「ふた付きの紙コップ」の特許権よりも、独占できる範囲が広く、強い特許権と言える。

さらに考えると、権利行使のしやすさから権利が強いか弱いか判断される。模倣品を販売している人に対して特許権によって販売を差し止めることが容易か否かと考えてもよい。「ふた付きの紙コップ」という特許権については権利行使において懸念がある。「ふた」と「紙コップ」を別々に販売されたときに差し止めることができるか？特許権を侵害しているか？という懸念である[2]。ふたを販売している者は「私たちは単にふたを販売しているだけで「ふた付きの紙コップ」を販売しているわけではない」と主張するだろう。「紙コップ」を販売している者についても同様である。「ふた付きの紙コップ」という特許権は権利行使において懸念があり弱い権利であると言える。

このような懸念はIoT関連技術の特許出願において特に注意する必要がある。IoT関連技術はモノとモノを繋いでいることから、発明全体としては複数のモノが登場することになる。例えば、「情報Xを取得するA部品と、A部品から情報Xを受信するB部品とを備えた装置」という権利が成立しがちだ。この場合、部品Aと部品Bが別々に流通する場合は権利行使が困難になる。できれば部品Aと部品Bを同時に含まないような権利を取得したいところだ。例えば、「(A部品からの)情報Xを受信するB部品を備えた装置」などが望ましい。

---

1. 法律の言葉でいうと、紙コップの実施を独占できる。実施とは生産、使用、譲渡などを言う(特許法68条、同2条)。

2. 基本的には権利侵害に該当しない。

2 IoT特許事例から考える

実際に特許権として成立しているIoT特許事例を対象に特許権をどのように設定すべきであったか検討する。ここで紹介するIoT特許事例については、「IoT特許事例集2016：～2016年登録特許20万件からIoT基本特許48件を厳選」（Kindle電子書籍）から抽出した[3]。

天候状況取得システム（特許6064045、パイオニア株式会社）

（1）発明の内容

センサや通信装置の小型化により、これまでも存在していた平凡な情報が効率的に取得できるようなりつつある。これらの情報を集約して位置情報と組み合わせることで付加価値を奏する場合がある。

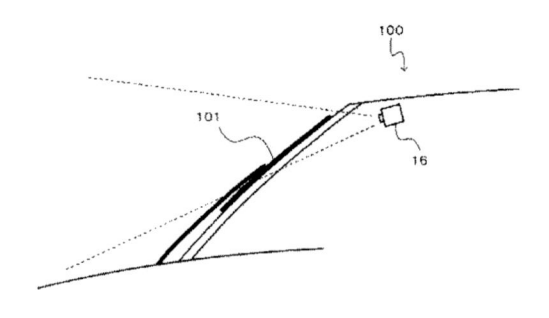

本件発明は、自動車搭載のカメラで撮影したワイパーの画像とGPSの位置情報を利用して、撮影箇所での天候情報を生成する

誰しも自動車の運転中に雨が降ってくればワイパーを動作させるだろう。ワイパーが動いているかどうかが判明できる画像情報とその画像が撮影された位置情報を多数集めれば簡便に天候情報を作成することができる。

本件特許の特許請求の範囲は次のとおりである。

> 【請求項1】
> 　移動体と共に移動する情報送信装置であって、撮影手段と、前記撮影手段によって撮影された前記移動体のワイパーの画像に基づいて、前記撮影手段による撮影場所での天候状況を示す天候情報を生成する天候情報生成手段と、前記撮影場所の位置情報を取得する取得手段と、前記天候情報及び前記位置情報を送信する送信手段と、を備えることを特徴とする情報送信装置。

（2）特許権の記載について

本件発明の情報送信装置は、「撮影手段」と「撮影場所での天候状況を示す天候情報を生成する天候情報生成手段」、「撮影場所の位置情報を取得する取得手段」、「位置情報を送信する送信手段」の4つの構成要素からなる。本件発明の特徴はワイパーの画像情報から天候情報を抽出することであるから、上記4つの構成のうち「～天候情報生成手段」が特に重要であり、他の構成要素は権利範囲を狭める要因になるため極力特許請求の範囲には入れたくない構成と言える。自社で製品化する際、上記の撮影手段、位置情報取得手段、送信手段は一般の汎用のものに置き換えられないかよく検討する必要がある。たとえば、撮影手段は一般の汎用カメラで代用できると判断するならば、上記請求項の記載のうち「撮影手段と、前記」の記載は削除し、請求項の構成要素に撮影手段が含まれないようにしておきたい。

温水洗浄便座システム（特許5889461、株式会社LIXIL）

（1）発明の内容

近年の温水洗浄便座では、ノズル位置や洗浄

3. 木下忠他、「IoT 特許事例集 2016 ： ～2016 年登録特許 20 万件から IoT 基本特許 48 件を厳選」、Kindle 電子書籍、2017 年 8 月、https://www.amazon.co.jp/dp/B074QXWM3M

強さ（水圧）を個人の好みに合わせて細かく調整できるようになっているのが一般的である。洗浄強さなどは人によって好みが大きく分かれるために、自分の好みに合わない設定条件でおしりの洗浄を開始して不満募らせている人がいる。

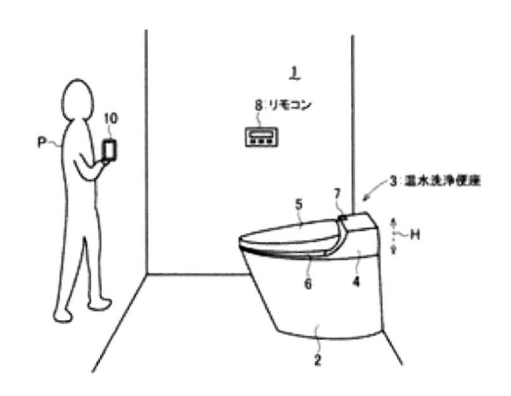

本発明はこのような不満を解消する発明である。すなわち、使用者がトイレに入室すると又は便座に座ると、温水洗浄便座システムが入室または着座をセンサで検知しその情報を使用者のスマホなどの携帯情報端末に送る。そして、携帯情報端末ではこのような信号を受信すると自動的に携帯端末に記憶されているノズル位置や洗浄強さなどの使用設定条件を温水洗浄便座システムに送信するのである。システムの設定を個人の好みに合ったものに自動設定することが可能となる。

本件特許の特許請求の範囲は次のとおりである。

【請求項1】

　温水洗浄便座を操作することが可能な**携帯情報端末に**おいて、温水洗浄便座からの無線信号を受信する手段と、温水洗浄便座の使用設定条件を記憶する**記憶手段**と、温水洗浄便座から入室者検知信号又は着座検知信号を該受信手段が受信すると、該記憶手段に記憶された使用設定条件を温水洗浄便座に**送信する手段**と、を備えたことを特徴とする**携帯情報端末。**

【請求項2】

　請求項1において、温水洗浄便座に対し現状の設定条件を携帯情報端末へ送信させる指示信号の**送信手段**を備えたことを特徴とする**携帯情報端末。**

【請求項3】

　温水洗浄便座と、請求項1又は2に記載の**携帯情報端末**とを有する**温水洗浄便座システム**であって、該温水洗浄便座は、便器に設置される温水洗浄便座本体と、トイレルーム内への人体の入室を検知するための**人体検知手段**と、便座への着座を検知する**着座センサ**と、携帯情報端末からの操作信号を受信する**操作信号受信手段**と、入室を示す無線信号を発信する手段とを備えたことを特徴とする**温水洗浄便座システム**

（2）特許権の記載について

　本件特許の請求項1は携帯情報端末に関するものである。第三者がこのような携帯情報端末を販売した場合、権利者は差し止めなどの権利行使が可能である。しかし、現実にはこのような携帯情報端末の販売があり得るだろうか？実際にはユーザーが普段もっているスマホにアプリをインストールしてトイレと情報通信を行うのではないだろうか。請求項1の特許権では権利行使できる状況が限られている。

　請求項3の発明は、「携帯情報端末からの操作信号を受信する操作信号受信手段」や「入室を示す無線信号を発信する手段」など、ユーザーとの情報通信を想定した通常の便座にはない特徴的な構成を有する。しかし、請求項3の発明は「温水洗浄便座と、請求項1又は2に記載の携帯情報端末とを有する温水洗浄便座システム」である。そうすると、携帯情報端末を別売りとし、温水洗浄便座とを有する温水洗浄便座システムのみを販売する者に対しては権利行使が難しい。

　本件発明のような、携帯情報端末との情報通信を想定しているIoT発明について特許権を取

得する場合は注意が必要である。携帯情報端末としてユーザーの普段使っているスマホなどを想定している場合は、権利範囲には携帯情報端末を含まないようにしておきたい。

茶道技術支援システム（特許5957636、特定非営利活動法人natural science）

（1）発明の内容

　茶道の作法を習得するには、茶筅の角度や回し方、その速さ、抹茶の温度などを習得する必要があるが、作法の習得は師範の模倣をすることに限られ、時間と経験を要するものであった。また流派の違いによりその作法も異なるもので、ある流派の作法を習得しても、他流派ではまた一から学び直す必要があった。

　本発明では、茶筅に振動や角度、温度を検出するセンサを取り付け、師範の茶筅の動作を数値化して自分の茶筅の動きと比較することで、師範の「作法」を習得するものである。

　本件特許の特許請求の範囲は次のとおりで

ある。

> 【請求項1】
> 茶道を習得したいと思う者が手に持ち揺動・加振等を行う茶筅において、茶筅の動作（速度・加速度・傾き・回転）および抹茶の温度を検出する**物理量検出手段**と、物理量検出手段で検出した物理量のデータを転送する**データ転送手段**と、データ転送手段によって転送された物理量のデータを蓄積する**データ蓄積手段**と、データ蓄積手段に蓄積された物理量のデータをアルゴリズムにより完成した抹茶の状態判定を行う**演算手段**と、演算手段によって状態判定した結果を表示する**表示装置**とを設けたことを特徴とする**茶道技術支援システム**。

（2）特許権の記載について

　本特許権について注意すべきは「演算手段によって状態判定した結果を表示する**表示装置**」という構成である。本件発明を販売する場合は上図のような茶筅の形態での販売が想定される。当該茶筅には、物理量検出手段やデータ転送手段が備えられている。さらに、出願人は茶筅の一部に表示装置を設けることを想定したと思われる。しかし、この表示装置は必ず茶筅に備える必要があるのだろうか？ユーザーの携帯端末であったり、パソコンの備え付けられたモニターなどでもよいはずだ。

　表示装置を含まない茶道技術支援システムを販売する者に対して権利行使できない恐れがある。「演算手段によって状態判定した結果を表示する表示装置」は必ずしも発明の特徴部分ではなく、特許庁での審査において特許性の判断にも影響がないと思われるから請求項の記載に含めないほうがよかったと思われる。

3　強いIoT特許を取得するには？

　IoT関連技術はモノとモノを繋いでいることから、発明全体としては複数のモノが登場することになる。特許出願において特許請求の範囲を定める際は、自分たちの実施形態（販売形態）だけでなく、第三者の販売形態を想定して、後で権利行使しやすいように十分に留意する必要

がある。発明の特徴を十分見極めて、別売りで販売されるような構成や必須ではない構成については請求の範囲に含めないようにしたい。

※上記の特許説明中の図はいずれも特許公報から引用

参考文献

木下忠他、「IoT 特許事例集 2016：〜2016 年登録特許 20 万件から IoT 基本特許 48 件を厳選」、Kindle 電子書籍、2017 年 8 月、https://www.amazon.co.jp/dp/B074QXWM3M

スマートコントラクトは裁判で使えるのか？（前編）

足立昌聰　Masatoshi ADACHI

1　はじめに

　近年、FinTech技術の中核をなすブロックチェーン技術を活用した「スマートコントラクト（Smart Contract）」と呼ばれる技術が注目されている。

　本稿では、前後編の2回に分けて、ブロックチェーン技術を基礎としたスマートコントラクトに基づいて、そこに記録された契約を守らせる（履行させる）ことを、現行の法制度において裁判手続きを通じて実現可能なのかを検討する。すなわち、スマートコントラクトが、①契約として法的に有効に成立しているのかという観点と、②裁判において実質的な証拠としての価値を持つのかという観点について、非法律系の読者を対象に基本的な検討を試みる。

2　契約とスマートコントラクト

契約の成立と実行

　法律の世界においては、契約は、当事者間の意思の合致により成立する。具体的には、一方の申し込み（Offer）の意思表示に対して、他方がその内容を承諾（Acceptance）の意思表示をすることにより成立する（民法第521条以下）。申し込みと承諾が対応していることにより契約が成立するという考え方は、米国などの異なる法制度を採用する国でも基本的に同じである。

　例えば、売買契約について、民法第555条は、「売買は、当事者の一方がある財産権を相手方に移転することを約し、相手方がこれに対してその代金を支払うことを約することによって、その効力を生ずる。」としている。具体的に考えてみると、自動車を持っている人が、「この自動車を100万円で売りますよ。」と申し込みをし、これに対して相手方が「その自動車を100万円で買います。」と承諾すれば、自動車を100万円で売買する契約が成立するということになる。このように、売買契約において合意（申し込みと承諾の内容が一致）しなければならない最低限の要素は、売買の対象となる財産権（この例の場合は自動車の所有権）とその対価の額（100万円）になる。

　このような極めて単純な売買契約のような典型（的な）契約であれば、何が契約の要素であるかは民法に規定されている。もっとも、実社会で使われている契約には、故障時の無償での修理保証はいつまでとするか等の様々な要素が盛り込まれており、何が契約の要素であるかは当事者間で取り決める事になる。

　ところで、契約の要素を当事者で取り決めることができるとすると、当事者間でその理解に齟

齟齬が生じ、紛争につながるおそれがある。このような紛争を避けるために、重要な契約では、契約書（Contract）が作成され、そこに契約の要素の解釈に疑義が生じないよう定義（Definition）が置かれることになる。なお、一部の類型の契約[1]を除き、契約を成立するために、書面での契約書を作成しなければならないという法律上の制限はない。コンビニで肉饅を買うのに、いちいち店員と売買契約書を作成せずとも、口頭での申し込みと承諾で契約が成立するのである。

　ところで、契約上の義務を守る（履行する）か否かは、基本的には、義務を負う者（債務者）の自由である。相手方が自動車の売買契約を守らないからといって、勝手に自動車のキーを奪っていくことを許容したのでは、社会秩序が崩壊しかねないので、このような自力での履行の強制、すなわち自力救済（Self-Execution）は禁止されている。そのため、契約上の義務を相手方に強制的に守らせるためには、裁判を通じて契約上の義務の履行を命ずる判決を貰い、執行する（Enforce）という手続きを経る必要がある。もちろん、通常は「自動車のキーを引き渡すまで代金は払わない。」又は「代金を支払うまで自動車のキーは渡さない。」という交渉カードを互いに有しているので、これらを同時に交換するという形で、お互いが自発的に契約を守ることが促されている[2]。

　とはいえ、厳密に言えば、お互いの引き渡し（履行）には時間差が生ずるので、例えば、買い主が売買代金を振り込む送金ボタンを押した瞬間に、目の前にいた売り主が自動車のキーを持って逃亡する可能性もないわけではない。ま

た、遠隔地にいる当事者同士の契約や、実行に一定の手間が掛かる義務（海外送金や輸出入の手続き等）だと、この同時性の確保が難しい。そのため、実務上は、第三者が当事者の間で取り引きの対象や代金を預かる存在としてのエスクロー（Escrow）を立てることがある。

スマートコントラクトの成立と実行

　スマートコントラクトの概念は、米国の法学×暗号学者であるNick Szabo氏が1997年に公表した論文[3]まで遡る。当時、ブロックチェーン技術は未だ存在していなかったが、そのコンセプトである「スマートコントラクトにより、コンピュータ・ネットワークを介して、関係性を定義し、かつ確実性を確保するために、ユーザ・インターフェイスとプロトコルを統合する。」[4]という考え方は、現在も踏襲されている。スマートコントラクトでは、法律上の契約の要素に当たる部分は、プログラム上、ユーザ間の関係性の定義（Definition）としてコーディングされる。

　例えば、スマートフォンに実装された非接触ICにより解錠される自動車の売買を考えると、解錠権限の譲渡が自動車のキーの引き渡しに対応する。仮に、この場合の売買代金の支払いに暗号通貨を用いることが定義された場合には、法律上の同時履行の原則（キーと代金の同時交換）をスマートコントラクトに、自動執行（Auto-Execution）のプロトコルとして実装することも可能である[5]。これは、自動執行の場合は、誰かの恣意が介在するおそれがなく、システム全体で一種のエスクロー機能を提供で

---

1. 例えば、第三者の借金等の債務弁済義務を保証する契約（保証契約）については、保証人が意図しない義務を負うことがないよう、書面で締結しなければ効力を生じない（民法第446条）。このような契約を「要式契約」という。

2. 民法第533条（同時履行の抗弁権）は、「双務契約の当事者の一方は、相手方がその債務の履行を提供するまでは、自己の債務の履行を拒むことができる。ただし、相手方の債務が弁済期にないときは、この限りでない。」と規定している。

3. Nick Szabo "Formalizing and Securing Relationships on Public Networks"（Peer-Reviewed Journal on the Internet, Volume 2, Number 9, 1, September 1997）

4. "Smart contracts combine protocols with user interfaces to formalize and secure relationships over computer networks."

5. 鳥谷部昭寛他「スマートコントラクト本格入門」（技術評論社、2017）68頁以下

きるからである。この恣意の排除は、ブロックチェーン技術を活用したDApps（Decentralized Application）[6]の場合にはより強力となる。

　もっとも、すべてのスマートコントラクトがネットワーク上で完結できるわけではなく、現実の物理空間での裁判所を通じた執行が必要なケースも存在するであろう。その際に問題となるのは、スマートコントラクトにおける当事者間の合意の内容は、どこに存在するのかという点である。

　法的に有効な契約といえるためには、当事者間の申し込みと承諾の意思表示の一致があれば、契約の形式は問われないことは前述したが、スマートコントラクトの場合、契約の要素はすべてプログラム上の定義としてコーディングされてしまっており、ほとんどの場合はユーザの可読性がない。可読性がない要素を当事者の意思表示の内容となるように実装するためには、スマートコントラクトにより実現したい契約の要素については、ユーザ・インターフェイス（UI）を通じてユーザ（契約当事者）に表示するとともに、申し込みと承諾の仕組みをプロトコル上で実装した上で、その一致を確認する（Verify）する必要がある。

　このような当事者の意思表示の一致をプロトコルとユーザ・インターフェイスを通じて確保するという過程は、後述の電子署名やブロックチェーン技術による非改ざん証明という機能だけでは実現できない。記録（Record）が改ざんされていないということと、記録内容やプロトコルの仕組みが契約の成立条件として十分かは全く別個の問題であり、スマートコントラクトのデザインを考える上で重要である。

　このほかにも、スマートコントラクトのデザインを考える上では、ある種のスマートコントラクトがアーキテクチャとしてデファクトスタンダードとなること上で考慮すべきいくつかの論点が存在する。例えば、当事者が契約内容をフェアなものとするために十分な交渉力（Bargaining Power）を持たないとき、スマートコントラクトに実装されるべき契約の要素の決定プロセス自体をどのように設計するかなどの問題があり得るが、これらはまた別の機会に検討したい。

2　スマートコントラクトの証拠価値

法律上の証拠価値

　日本の民事訴訟制度において、証拠となり得る能力（証拠能力）、すなわち裁判官が判決中で事実を認定する基礎として用いることができる資料の種類に制限はない[7]。そのため、スマートコントラクトを含め、電子的な証拠にも証拠能力はある。よく、電子的なデータが証拠となり得るかという問いが提起されるが、これは証拠能力の問題ではなく、証拠として信頼に値するかどうかという実質的な信用性（実質的証拠力）の問題である。

　例えば、紙媒体で先ほどの自動車の売買契約書が作成された場合を考えてみよう。そして、売買契約書には代金が100万円と記載されているが、売り主は「合意した代金は200万円だった。契約書は偽造されたものだ。」と主張しているとしよう。ここで、この契約書が信用できるかどうかを検討するには、いくつかの推理を経る必要がある。

　まず、契約書の最後の署名欄を見ると、売り主の名前が手書きで署名され、その横に売り主

6.https://github.com/DavidJohnstonCEO/DecentralizedApplications

7. ちなみに、刑事訴訟制度上は証拠能力に一定の制限がある。例えば、違法に収集された証拠には、原則的には証拠能力がないとされる。

の実印（役所に届け出て、必要に応じて印鑑登録証明書の交付を受けられる印章）が押印されている。ところで、日本はハンコ社会であり、特に実印に対する信用が厚い。それは、普通は実印を大切に管理しており、安易に他人に貸したりはしないという前提があるからである。そこで、紙面に実印が押印されているときは、その押印は本人（売り主）の意思に基づいてなされたものに違いないという推定が働く。そして、押印した者は、その書面に記載された内容が自己の意思に反しているときに押印するようなことはないだろうから、押印が意思に基づいている以上、紙面に記載されている内容のとおりの意思表示があったのであろうという推定が働く。

このような推論過程を、法律の世界では「二段の推定」と呼んでおり、二段目の推定は法律で規定されている。すなわち、民事訴訟法228条4項は、文書が紙媒体で作成される場合において、本人又は代理人の署名又は押印があれば、その文書は真正に成立したものと法律上推定するとしている。「真正に成立する」とは、署名又は押印をした者（文書作成者）の意思が表示されたものと認められるという意味である。もっとも、署名又は押印自体には、その文書がいつから存在したか、作成後に内容が改ざんされていないかといった点については、何の確実性も担保していない。文書が電子的なデータであるとき、紙媒体における署名又は押印に代わる存在が電子署名である。電子署名は、実印の保管のような経験則による推定ではなく、暗号技術によって新たな推論過程を構築している。

電子署名

スマートコントラクトに活用されているブロックチェーンを利用した仕組みにおいては、取り引き（Transaction）を行う当事者間での本人確認及び非改ざん検証において、公開鍵を利用した電子署名の検証により行われる。ブロックチェーン技術自体の解説は後編に委ね、本稿ではまず電子署名の技術的な仕組みを概観する。

（1）電子署名とは

作成される文書が電子データの形式の場合には、筆跡鑑定や印影の対照（押印された跡と印章の比較）による文書の真正な成立の確認を行うことができない。また、紙へ記録される文書とは異なり、電子データは容易に複製や改ざんができてしまうため、原本（Original）と複製（Copy）の区別が本質的に不可能である。そのため、電子データについて民事訴訟における証拠力を確保するためには、署名又は押印に代わる電子データ作成者の新たな証拠が必要となる。このような要請をハッシュ関数と公開鍵基盤（PKI）という要素技術の組み合わせにより可能とした技術が、電子署名である。

ここでいう電子署名とは、電磁的記録に記録された情報（電子データ）について作成者を示す目的で行われる暗号化等の措置で、改変が行われていないかどうか確認することができるものをいうと法律上定義されている（電子署名及び認証業務に関する法律2条1項）。

（2）ハッシュ関数と公開鍵基盤（PKI）

電子署名の仕組みが、ハッシュ関数と公開鍵基盤を用いてどのように作成者と改変が行われていないことを確認するかの基本的な仕組みを図1に示す。ここでは、電子証明書を利用した電子データの安全な送信方法についてのみ説明し、電子証明書の発行処理及び認証局の働きについては詳論しない。

まず、①送信者は、電子データをハッシュ関

---

8. 例えば、本稿脱稿時において時刻認証業務認定事業者が採用する SHA-256 というハッシュ関数を用いた場合には、元の電子データのファイルサイズにかかわらず、ハッシュ値は常に 256 ビットとなる。

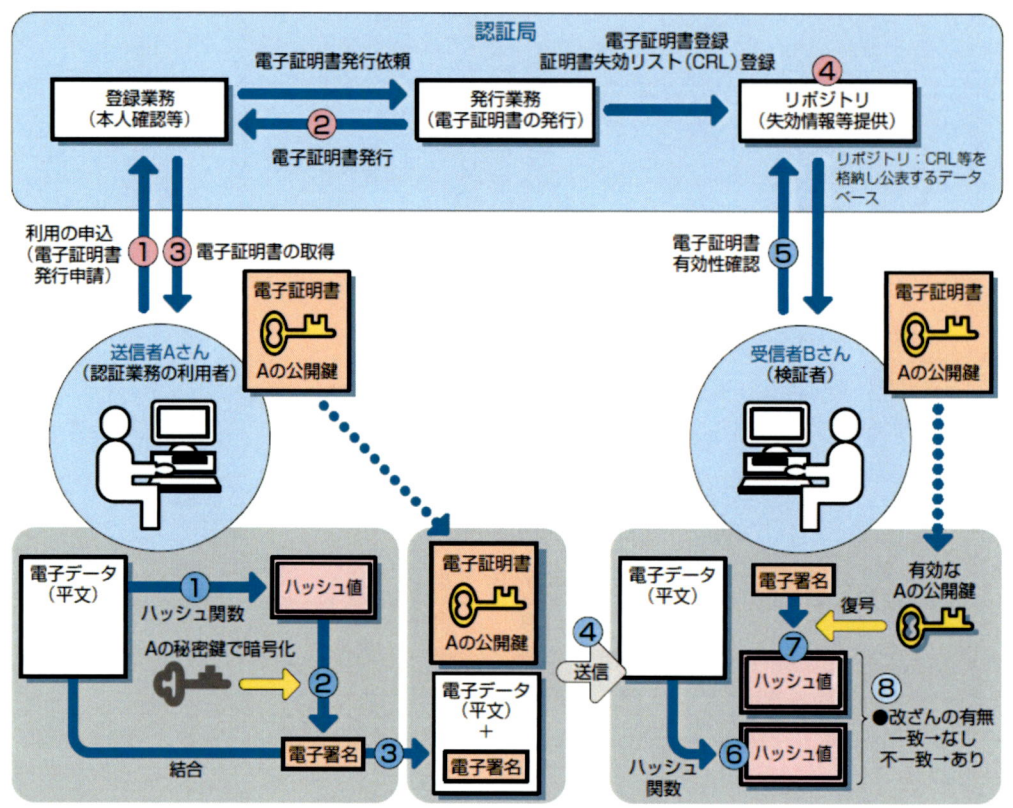

ハッシュ関数：文字や数字などのデータ（入力値）を一定の長さのデータ（出力値）に変換する関数

数により変換してハッシュ値を生成する。ハッシュ関数とは、任意長の電子データから固定長のハッシュ値[8]という数列を計算する数学的処理である。ここで用いられるハッシュ関数は、元の電子データが1ビットでも変化したら、ハッシュ値が非常に高い確率で異なる値になる性質（衝突耐性）[9]と、ハッシュ値から元の電子データを逆算できない性質（一方向性）を有している必要がある[10]。

　次に、②送信者は、このハッシュ値を電子証明書で証明されている公開鍵に対応する秘密鍵で暗号化する。この暗号化された結果が電子署名である。公開鍵と秘密鍵は常にペアで生成さ

れ、秘密鍵で暗号化された情報は対応する公開鍵でのみ復号可能である。秘密鍵は送信者のみが有しており、第三者とは共有しない。

　その後、③送信者は、電子データ（平文）と電子署名を結合し、④先ほどの秘密鍵に対応する公開鍵を証明する電子証明書とともに受信者へ送信する。⑤受信者は、電子証明書が失効されていないかなどの電子証明書の有効性を、認証局（CA）に対して確認した上で[11]、⑦公開鍵で電子署名を復号する。そして、送信者のものであることが証明された公開鍵で電子署名が復号できたということは、この電子署名は当該公開鍵に対応する秘密鍵で暗号化されたことを意

---

9. 仮に衝突耐性が低いと、ハッシュ値が同じでも元の電子データが異なるおそれがあり、改変が行われていないか否かの検証（手順⑧）にハッシュ値を用いることができない。

10. 結城浩「暗号技術入門 第3版」（SB Creative、2015）174頁

11. 公開鍵基盤における認証局の役割は、誤解を恐れずに言えば、印鑑登録証明における地方自治体や法務局の役割と類似する。

味している。よって、この電子署名が秘密鍵の所有者である送信者によってなされたものであることが検証できたこととなる[12]。

また、⑥受信した電子データ（平文）について、送信者と同じハッシュ関数を用いてハッシュ値を生成し、⑧先の手順⑦の復号の結果得られたハッシュ値と同じであることが確認されたときは、ハッシュ関数が強い衝突耐性を有している限り、電子データが途中で改ざんされていないことが検証できたこととなる。

（3）電子署名の法律上の取り扱い

電子署名の法的な取り扱いについては、紙媒体の文書における署名又は押印と同様である。すなわち、「電磁的記録であって情報を表すために作成されたもの……は、当該電磁的記録に記録された情報について本人による電子署名（これを行うために必要な符号及び物件を適正に管理することにより、本人だけが行うことができることとなるものに限る。）が行われているときは、真正に成立したものと推定」される（電子署名及び認証業務に関する法律第3条）。

書面への押印から文書の成立の真正を推定する過程で、印章（ハンコ）が適切に管理され、本人以外は押印できないであろうという前提が

あったのと同様に、電子署名の場合には、（電子署名を）行うために必要な符号及び物件を適正に管理することにより、本人だけが行うことができる状況、すなわち、電子署名時の暗号化に使用された秘密鍵を適正に管理し、第三者にみだりに所持されないようにしていることが、電子署名が付された電磁的記録の真正な成立の推定の要件とされているのである。ブロックチェーン技術により、第三者が取り引き履歴を改ざんするコストが上昇したため、結果的に非改ざん証明は容易となっているが、そもそも秘密鍵を第三者に取得されてしまった場合は、正常な取り引きとして配信されてしまうから、暗号鍵の保管は極めて重要である。

（後編では、ブロックチェーン技術を利用した非改ざん検証の仕組みと、裁判所においてスマートコントラクトを証拠として取り調べる方法を検討する。）

※なお、本稿中の意見に渡る部分は、すべて筆者の個人的見解に基づくものであって、筆者が所属する組織の見解を示すものではない。

---

12. 秘密鍵が第三者に流出すると、送信者Aを装った第三者が送信者Aの秘密鍵を使って電子署名を生成できるため、受信者Bは、電子証明書上の公開鍵に対応する秘密鍵の正当な保有者から送信されたと認識してしまう。秘密鍵が流出した場合には、速やかに電子証明書を失効させ、新たな鍵ペアを生成する必要がある。

技術と法律についての雑感

政策研究大学院大学　教授　隅藏康一

1　責任あるイノベーション

　基礎科学の研究により自然界の原理が新たに解明され、その知見を利用して人類社会に応用できる新技術が開発され、新たな製品・サービスとなって市場に出されることによって、イノベーションが実現する。こうしたイノベーションは社会にメリットをもたらす一方で、何らかのデメリットを及ぼす危険性もある。また、メリットとデメリットのいずれが生じるのか当初は不明であるが、予防的にルール設計が必要となる場合もある。

　イノベーションが継続的に実現されることが人類社会の発展にとって必要不可欠であることは言うまでもないが、その際に、社会へのメリットだけでなくデメリットも可能な限り予測して、それに対応するための制度を設計しながらイノベーションを進めるという、「責任あるイノベーション」という考え方が浸透してきている[1]。現在の技術から、どのような社会的メリットとデメリットが生じるのかを可能な限り正しく予測・評価した上で、そのエビデンスに基づいて、研究開発を促進するための資金的支援、研究活動に対する規制、技術の社会実装におけるルールの策定など、必要な仕組みを作ることが求められる。また、現在の技術からどのような将来の技術が生じるかを予測して、その将来の技術に対しても、あらかじめ同様な予測と評価ならびに必要な制度設計を進めておくことが望まれる。こうした過程では、当該分野の専門家以外にも、一般市民を含む社会的ステークホルダーの意見を取り入れることが必要であり、そのための体制を構築することも求められる。こうした新たな制度の設計を行う際には、新規立法や法改正が必要なケースが多く、ここに技術と法律が交錯することとなる。

2　ドローンの普及と航空法の改正

　イノベーションにより新製品が市場に出され普及するにともなって、法整備が必要となった最近の事例として、ドローンの普及に対応するために航空法が改正されたことが挙げられる[2]。

　日本の航空法は、2015年9月11日に改正され、同年12月10日に施行された。従来の航空法は、小型無人航空機については、航空機の運航を妨げないようにとの観点からのみ規定がなされていたが、ドローンの普及によって新たな対応が必要になった。改正後は、空港近く、航空

1.Jack Stilgoe, Richard Owen, Phil Macnaghten, "Responsible innovation means taking care of the future through collective stewardship of science and innovation in the present," Research Policy 42 (2013) 1568-1580.

2.詳しくは、鈴木真二「小型無人航空機（ドローン）の安全技術と安全制度」、近藤惠嗣 編著 『新技術活用のための法工学—リスク対応と安全確保の法律—』（民事法研究会、2016年）p.406-419. を参照。

機の運航空域（高度150m以上）、ならびに人口密集地域での飛行を禁止し、禁止空域を飛行する場合には国土交通大臣の許可が必要となった。また、小型無人航空機を飛行させる場合は、日中で、目視範囲内で、人又は物件との間に距離を保つことが必要であり、これ以外の飛行をさせる場合には国土交通大臣の承認が必要となった。ただし、災害時の公共機関等による捜索・救助等の場合は、上記の適用範囲外である。

3　人工知能によって創作された著作物の著作権の帰属

将来的な制度設計が必要だと考えられていることの一つに、人工知能によって創作された著作物の著作権を誰に帰属させることとするのかという問題がある。人工知能やそれを搭載したロボットが小説を書いたり作曲したりできる時代が到来するのは、さほど遠くない未来かもしれない。その時に、著作権は誰のものとなるだろうか。また、仮に、人工知能やそれを搭載したロボットが発明を担うことができたとして、特許を受ける権利は誰のものとなるだろうか。

人工知能とは異なるが、こうした制度設計にインスピレーションを与える事件がある。サルの自撮り写真の著作権の帰属が争われた米国の裁判である[3]。自然写真家のスレイター氏が2011年にインドネシアの野生サルの生息地を訪れ、カメラを設置しておいたところ、サルが撮影ボタンを押し自撮り写真が撮影された。動物愛護団体PETA（動物の倫理的扱いを求める人々の会）は、撮影したサルにこの写真の著作権が帰属すると主張して2015年9月に提訴したが、2016年1月に米連邦地裁においてサルに著作権が帰属しないという判断が下された。これに対してPETAは控訴したが、2017年9月、PETAとスレイター側との間で和解が成立し、スレイターがこの写真の著作権から得られる収入の25％をインドネシアの野生サルの保護のために用いるなどの共同声明が発表された。

この論争の中で、スレイター氏は、サルの自撮り写真が撮影されるようにセッティングしたことについての自身の役割を主張し、著作権はスレイター氏自身に帰属するとしていた。そのため、サルに著作権は帰属し得ないからパブリック・ドメインとなるという考え方と、スレイター氏に著作権が帰属するという考え方の間に対立が生じた。

人工知能の場合も、創作活動を行うべくプログラミングを行った上で実際に創作活動を実施させた者に、人工知能による著作物に関する著作権が帰属すると考えるのが、最も自然な考え方であろう。しかしながら、人間が意図することなく、人工知能が偶発的に創作した著作物に関しては、誰に著作権が帰属するのでもなくパブリック・ドメインとするのが妥当であろう。ルールを明確化し不要な紛争を避けるためには、近い将来、これに関して著作権法改正が必要となるかもしれない。

3.Justin Wm. Moyer "Monkey wants copyright and cash from 'monkey selfies,' PETA lawsuit says," The Washington Post, September 23, 2015; Mike McPhate "Monkey has no rights to its selfie, Federal judge says," The New York Times, January 8, 2016; Zachary Toliver "Settlement reached: 'monkey selfie' case broke new ground for animal rights," September 11, 2017, PETA website (https://www.peta.org/blog/) accessed on December 26, 2017.

4　ヒューマンエラーをどう防ぐか

　社会的に大きなメリットをもたらす先端技術であればあるほど、誤作動により重大な事故が生じる危険性をはらんでいることが多い。誤作動の原因の大多数は人為的なミスであり、ミスを防ぐための技術的な対策をどんなに施したとしても、想定を超える人為的なミスが生じて致命的な結果が生じるケースは枚挙に暇がない。

　篠原一彦[4]は、航空機事故と医療事故を比較しながら、以下のような事例を挙げている。ボーイング757機の航路変更の際にコンピュータ画面に誤入力が生じ、山に衝突してしまった事故がある。医療においても、電子カルテでのミスクリックが原因で劇薬が誤投与されるという事故が生じている。また、入力の際の単位の間違いも、致命的な事故につながる。エアバスA320の降下の際、「角度3.3度」と入力したつもりが、入力モードを誤認しており「毎分3300フィート」と入力してしまい、急降下して地上に衝突してしまった事故がある。医療においても、薬剤を総量50mL投与しようと入力したつもりが、時間当たり50mLの投与速度として入力してしまったため、目的よりも10倍以上の速さで薬剤投与されてしまい致命的な結果になってしまった事故がある。

　このような事故が生じないよう、可能な範囲で技術的な対応策がとられることや、事故を起こさず装置を使用するためのマニュアル策定とそれに基づく研修が普及することなどが望まれる。しかしながら、人為的なミスは想定外で生じるものがほとんどであり、あらゆる可能性を最初から検討しておくことはきわめて困難である。人為的ミスの可能性をすべて検討しつくして、それらを回避するための技術的な対応策をとらない限り、その装置を市場に出したメーカーが大きな法的責任を負わなくてはならないとすると、その負担が重過ぎるがゆえにイノベーションの創出が阻害されてしまうであろう。

5　今後考えるべきこと

　上で述べたように、新しい技術に基づく新製品が事故を起こしたとき、それを生産して販売しているメーカーの責任が大きすぎると、メーカーのイノベーションを実現しようとする意欲をそいでしまうこととなる。それによって消費者がこうむる機会損失の不利益は甚大である。一方で、メーカーの責任がまったく問われないとすると、安全性に不安のある製品が市場にたくさん出回ることとなりかねず、それによる消費者の不利益も大きいこととなろう。イノベーションの実現と安全性の確保の双方をいかにバランスよく実現するかは、「責任あるイノベーション」を考える上できわめて重要な要素の一つである。

　この問題に一定の解決を与える可能性のある制度設計として、新製品の安全性の確保に関する規格を策定[5]することが挙げられる。たとえば障害物を自動的に検知して停止する機能を持つ自動車に関しては、その機能がオフになっているのに当該機能が作動すると思い込んでかえって事故が起きてしまうなど、想定されうる人為的ミスがあり、それを回避するための仕組みを

---

4. 篠原一彦「先進医療機器開発における事前責任とインフォームドコンセント～外科医から見た機械と人間・社会の関わり～」、近藤惠嗣編著　『新技術活用のための法工学―リスク対応と安全確保の法律―』（民事法研究会、2016年）p.270-293.
5. 日本機械学会・法工学専門会議においても、こうしたテーマについて様々な角度から議論し検討を行っている。

最初から組み込んでおくことが求められるが、一方で想定外のことが重なって事故になる可能性もある。そこで、市場に出す際に施しておくべき安全対策の種類と程度をあらかじめ規格として定めておき、その規格を満たした上で事故が起きてしまった場合はメーカー側が責任を問われないということにすれば、イノベーションと安全性の最適バランスが保たれやすくなるであろう。

しかしながら、社会的な制度設計をする上で、考えなくてはならないことは多い。たとえば、どこで誰がどのようなプロセスを経て、規格を策定するか。そうした規格の正当性はどのように保証されるか。もし規格が不適切なものであることが判明し、その問題が提起されるとき、ど

のような機関がその窓口となり、どのように審理を行うか。規格をどのようなタイミングで見直し、つねに最新の技術に即したものとしてゆくか。

このように社会的に制度を設計すべき課題は多々あるが、技術と法律、双方の発展と健全な補完関係を成り立たせることこそが、人類社会の明るい未来を切り開く鍵である。科学技術の専門家、法律の専門家、両方に橋を架ける人々、ならびにそれ以外のステークホルダーが、互いを尊重し、頻繁に交じり合って相互作用しつつ、新たに生じる問題を解決するためのプロジェクトを迅速に構築できるような土壌を醸成しておくことが、そのための一歩となるだろう。

お金にまつわるリエンジニアリングへの期待

知的財産マネジメント研究会Smips　エンタメと知財分科会オーガナイザー　パロット行政書士事務所　行政書士　新井秀美

1　お金の管理

　毎日のように金融に関するスタートアップ企業から新しいサービスがリリースされる中でざっと見渡せるカオスマップがとても便利である。カオスマップはFinTech以外でもさまざまなカテゴリ・国別で作られているが、FinTechを見ていてふと気づく、いつから主だったベンチャー企業としてあげられるオンライン決済サービスとしてPayPalがいないのかと。近年日本で参入してきたお金に関するサービスとしてざっとあげるだけでも割り勘アプリpaymo・Paidy・Kyash、BtoB決済Omise・Stripe、スマホ決済Coiny・Squere・Airレジ、少額決済Anypay・LINE Pay・pixiv PAY、貯金アプリfinbee、しらたま、など日々プレスリリースに事欠かない。

　一方で中国ではどんなに小さな小売店もWeChat PayやAlipayを利用しあっという間に中国では現金を持たなくなった。これらの少額スマホ決済は既存のクレジットカード会社をリプレイスしようとするものではなく、現金利用のリプレイスである。中国は借金が嫌いでクレジットカードは使いたくないというお国柄だということで日本全国の百貨店にデビット機能をもつ銀聯カード[1]が導入されているが、加えて中国人観光客に向けてすでに利用が開始されている。WeChatPayに関してはクレジットカードでアクティベートすれば誰でも利用は可能だが、クレジットカードからはチャージできずチャージするには中国国内の銀行口座との紐づけが必要である。

　日本でも銀行と紐づけられる仕組みとしてみずほ銀行とメタップスとで開発されるpringの実証実験が始まったところではあるが[2]、来日した外国人が驚くのほど世界的なキャッシュレスの流れに逆らうかのように日本ではまだどこへ行っても現金を求められる。裏を返せば日本のお札がその技術力の高さから得ている偽札の少ないきれいな信用通貨としての信頼のたまものといえるのだが、スマホの普及に伴う利便性にとっては、かえって高い信頼が足かせとなりかけている。一番の懸念であろう手数料も売り手側からすると一見オンライン決済の場合、現金支払いより目減りしてしまうように思えるが、例えば送金額1万円の場合、他行への振込手数料は432円、加盟店のクレカの手数料は3%から、PayPal手数料は400円（3.6%+40円）、BOOTHの手数料は370円（3.6%+10円）－おや？ BOOTH

.http://jp.unionpay.com/

.https://www.mizuho-fg.co.jp/release/pdf/20171025release_jp.pdf

図1　VentureScanner による主だった Fintech 企業一覧（https://twitter.com/VentureScanner/status/918934428860207104）

はPayPal使っているのにPayPalより安い…？
──手数料は偽札や現金を持つことによる加盟店のリスクヘッジとして決して高くない金額になってきている。

　若い技術者が、これらの利便性を高める金融サービスを作ることはできないのだろうか？私はそう思わない。「FIN/SUM（フィンサム）ウイーク2017」での麻生太郎金融相の講演（2017/9/21）では「技術者も銀行にアプローチすべき」という発言があった。政府は既得権益を守るばかりと思われがちだが、実はお上が旗を振って

いることがわかるよい講演なので、ぜひご高覧いただきたい[3]。

　私自身もミラサポ[4]という中小企業庁の制度の下で若い経営者と一緒に地銀・信金の担当者と話をすると麻生氏のいうところの"ジーンズTシャツの人"を銀行側が待っているんだな、ということを強く感じる。特に地方において、若い起業家が地銀・信金をレギュラトリーサンドボックス（規制の砂場）として実証実験がしたいと提案できる環境ができつつあるからだ[5]。

3.https://youtu.be/c86rNH8DEnY?t=9h12m27s

4.https://www.mirasapo.jp/

5.http://www.meti.go.jp/press/2017/05/20170508001/20170508001-2.pdf

2　お金の稼ぎ方

　会社員の給料やフリーランスの報酬は銀行振り込みで受け取る場合がほとんどだ。ではそのお金はどこの国から得ているか？働き方改革によりどこででも働けるとなれば、海外に滞在しながらあちこちの国の仕事を受けることも珍しくなくなる。どこの通貨ででも、自分の口座の中からその時のレートで現金を持たずに電子決済されることで、為替手数料の負担が減る。すでに外資系企業では本格的に日本法人を設立する前にカントリーマネージャーとして PR 人材を日本で雇用しており、PayPal を使って外貨建てで複数社から給料を得ている人もいる。

　また、従来アメリカを目指していたエンジニアがトランプ政権の政策により就労しにくくなった影響で、アジアにも就労先として目が向き始めている。日本に来て働くのか、国外にいたまま働いてもらうのか。その際に銀行振り込みで払うのか、PayPal のようなオンライン決済システムで払うのか。

　例えば 10 万円が海外から日本の銀行口座へ振り込みが行われた場合、支払い側の手数料が少なくとも 1,000 円かかる。受け取り側は金融機関から何の原因による振り込みなのか確認の電話がある。口座氏名が微妙に間違っている場合はこの電話に対応しないと確実に入金されない。ならばオンライン決済で請求書払いをしてもらった方が早いし手数料も安い。

　報酬の受け取りがオンラインで出来るとして、どこで働きたいか？たとえば日本が大好きな外国人がアメリカやイギリスの仕事を受け、オーストラリアの銀行口座にお給料を受け取りながら日本に滞在することはできるだろうか。残念ながら現状としては原則 NO である[6]。それだけ世界をまたいで働ける優秀な人材であっても、①現預金 3000 万円以上ある富裕層向け特定活動

ビザで 1 年か、②就労ビザを得るために日本企業で働くもしくはフリーランスとしての実績を示し日本での仕事を受注するか、③資本金 500 万円以上出資し正社員を 2 名以上雇用する計画で会社設立し、投資経営ビザを得る必要があるからだ。

　長期にわたる仕事ではなくとも日本にとっても有意義な交流を兼ねた仕事も多々生まれてきている。しかし観光目的の短期滞在ビザはおおむね 3 か月滞在できるが、原則として報酬を得て働くことはできない。ただ、その間に資格外活動許可を得てほんの少し報酬を得ることができれば、さまざまな可能性が広がる。たとえば、

・ゲームクリエーターや 3D モデレーターが日本に休暇で遊びに来た際、ついでに子どもたちに週末ワークショップを行う（2020 年プログラミング教育義務化に伴い、英語環境での開発人材需要あり）。

・SNS で交流ある知人を呼んで家庭料理ふるまってもらうワークショップの開催（反復継続して行う場合には飲食店営業許可が必要ですが、単発イベントの場合は不要）

・日本人・外国人 TATOO アーティストが共同で日米の違いを示しながら技術を教えあうセミナー（ただし TATOO を施すことは医師法違反との地裁判決が出て、即日控訴がなされたばかり（大阪地裁平成２７年（わ）第４３６０号）。

・Etsy で自作のグッズを売っているアーティストがデザインフェスタに出展する（デザインフェスタ出展料は 2 日間で 3 万円弱するため、なかなかプラスの収益にはならない）。

　わざわざ就労ビザや興行ビザをとるまでもない、国益を損ねるほどの収益でもない、SNS とシェアリングサービスが充実してきたからこそ

---

6. 入国管理局　在留資格一覧表　http://www.immi-moj.go.jp/tetuduki/kanri/qaq5.html

の個人との繋がりによる文化交流がある。一方で水際である入国審査との兼ね合いを情報技術で補うことができたら、短期滞在の間に健全に稼いだお金が日本に落とされる可能性が高まる。

一方、日本国外からSkypeで日本人相手に事業のコンサルをしている場合、ビザは日本に滞在するための制度であるため面倒なビザをとる必要はない。となると、日本にいなくても成り立つビジネスであればどんどん日本のお金が外国へ流れていく。いかに優秀な人材を日本に呼ぶか、安倍政権においては、優秀な外国人・外国企業を日本に受け入れることをとても重視している[7]。高度人材ポイント制[8]をもっと活用してほしいという要望が行政書士にも寄せられている。高度人材であればあっという間にビザが出る。

ただ現状では対象にならない起業家も多い。外国人が日本で会社を設立して、投資経営ビザの申請から認定まで3か月以上、最近のケースでは4-5か月待つこともある。ビザが出たら日本へ向かい住居を契約し、それから仕事が始まると考えると、日本人のパートナーがいなければ大きなタイムロスが生じている。それを改善すべく外国人創業者向け経済特区として、東京都・愛知県・広島市・仙台市・新潟市・福岡市の6カ所の地区で「外国人創業支援ビザ」として創業前に6か月の投資経営ビザを得るための創業活動確認証明書を出すこととなった。

ただネックになるのがマネーロンダリング対策のKYC（Know Your Customer、顧客確認）である。誰に銀行口座を持たせてはいけないのか、その情報は今のところ一元化されておらず、銀行が外部機関と連携して対策している。そこでは怪しければ持たせない、日本語で理解できなければ持たせないという方針の為、短期的に滞在している取引実績のない外国人に、日本の金融機関は銀行口座を簡単に作らせてくれない現状がある。これもまた事業が止まってしまう原因であり、技術による解決が待たれるところである。

2016年に日本に新規で入国した外国人は2100万人を超えている[9]。不法滞在者は統計上6万人程度と低いが、いまだに根深い人身売買[10]・偽装結婚があると指摘されている。割合が少なければよいという問題ではないので、現状において時間のかかる審査制度は制度の趣旨として誤っているわけではないと付け加えたい。

今までは人材の信用構築は個人ではなしえないこととされていたため、企業との取引実績や資産残高によって見える化されるとされていた。しかしここ最近、あらゆる公的機関はなんらかの申請があった人のFacebook・Twitterを良くも悪くも "見ている"。個人の「信用の徳」をどう積むのか、現状の制度では徳が見えやすいのは学歴や収入と言えるが、決済や収益の見える化やSNSを使い続けていく中でデジタル上の信用を獲得していくことで、必要に応じて与信を見える化できる。別の切り口では、これまでたった一度の若気の至りによる過ちを、目に見える信頼で変えていくことは難しかった。しかしこれからは日々の信用の積み重ねによる実績で評価が変わるかもしれない。

すでに徳を積むといいことが起きてきている。今までならたくさんお金を使ったお得意様にの

7. ボストン・コンサルティング・グループ年次経営総会　安倍総理スピーチ　http://www.kantei.go.jp/jp/97_abe/statement/2017/0522bcg.html

8. http://www.immi-moj.go.jp/newimmiact_3/system/

9. http://www.moj.go.jp/nyuukokukanri/kouhou/nyuukokukanri04_00063.html

10. 在日米国大使館　https://jp.usembassy.gov/ja/tip-2017-ja/?_ga=2.265805519.1994404843.1508119680-1049087302.1508119680　ただしこの指摘に対しては異論あり。

11. プロダクトハンターあかねのネタ帳　https://www.facebook.com/producthunterakane/posts/1972847889658735

み届いていたセールのお知らせが、お金をたくさん使わなくともキチンとした評価があるお客様であれば送られる[11]。誰しも札束で頬をたたくお客様よりも礼儀正しくお支払いいただけるお客様の方がよいが、今まで評価方法がなかったというだけである。そこで、徳を積むという点で注目されるのがブロックチェーンである。ビットコイン[12]で注目を集め、インターネットの出現以来の衝撃の技術と言われている。

3　お金による評価

　近年ますます著作権に対する経済的意識が高まってきている。以前、「中高生に向けて CD の貸し借りは著作権法違反になると指導してください」との説明を聞いたことがある。確かに私的利用とは家族程度まで[13]とされているので間違いではない。中高生時代に友人と新しいアーティストを探してきては CD を勧めあった青春時代をもつ私としては複雑な心境だと思ったのはもはや昔。CD ではなくストリーミングで音楽を楽しむようになった今の中高生世代にはその憂いももはや理解できなくなってきたかもしれない。

　音楽は、音楽家がパトロンによって生活費を得ていた時代、技術によってレコードや CD という媒体に乗せて販売し著作権収入を得られる時代、そして何かしらのメディアやコンテンツに乗せて著作物使用料を得られる時代へと変化してきている。つまり、かつては CD が売れることによって入ってきた収入は、再生される回数による収入に変わったのだ。たとえば互いにお薦めのアーティストを LINE music や Spotify のリンクを共有して再生したり、YouTube の再生された回数に応じて権利者へ収益が配分される仕組みも技術の発展によるものといえよう。

　音楽のみならず著作物を始めとした無形資産（Intangible Assets）は作った作品そのものが売れることだけで収入を得るのではなく、二次的三次的な創作物による価値が生まれる環境ができてきている。例としては宇宙兄弟とメルカリのコラボである[14]。作家としても思いがけないものがファンの手から生み出されることはうれしいし、ファンとしても正当な価格が作家に還元されることでよい関係性が生まれていると言える。

　権利者ではない第三者からの指摘に萎縮して無難になり、トイレの落書きも書けなくなることは機知に富んだ文化の衰退を起こしかねない。その点、LDH がわかりやすく写真利用について明示したことはよい利用を促し、著作物の価値の可能性が感じられる[15]。

　近代において、一般に著作権の価値は M&A もしくは相続の時に評価される程度である。しかしこれからの脱近代において、著作物を用いた広がりや創作性がブランド価値として技術の発展により金銭的に評価されれば、金融資産としての価値があるとされるだろう。私はその時に出てくる FinTech ビジネスに期待している。

---

12. リアルタイムでビットコインの国別シェア率　https://www.cryptocompare.com/coins/btc/analysis/JPY

13. 文化庁テキスト http://www.bunka.go.jp/seisaku/chosakuken/seidokaisetsu/kyozai.html

14. クリエイターズ 宇宙兄弟×メルカリ https://koyamachuya.com/campaign/mercari/

15.https://www.ldh.co.jp/rule/

参考文献

・リエンジニアリング革命―企業を根本から変える業務革新
マイケル ハマー
・〈インターネット〉の次に来るもの 未来を決める 12 の法則
ケヴィン・ケリー
・アーキテクチャと法―法学のアーキテクチュアルな転回？
松尾 陽 (編集)
・CODE VERSION2.0 ローレンス・レッシグ (著), 山形 浩生
(翻訳)
・魔法の世紀 落合陽一 (著)
・FinTech 大全 今、世界で起きている金融革命スザンヌ・キ
シュティ, ヤノシュ・バーベリス (編著), 瀧 俊雄 (監訳)

電子機器を製品化する際に必要な法的対策

Imagineers'Guild イマジニア　岩崎 弾

1　はじめに

　企画した電子機器を製品にするには、量産して数を作るだけでは世にリリースすることはできません。量産した機器を製品にするには、マニュアル・サポート・保証など、多くのことを考慮する必要があります。その１つに『認証』があります。量産するだけならもちろん認証は必要ありません。しかし、製品として世にリリースするのであれば、『認証』についての検討を欠かすことはできません

　電子機器を製品化する際の認証の中でよく注目されるのは、「技適」と、「PSE」です。筆者はこれらの認証をクリアした製品を今まで何台も製品化してきました。しかしながら、実は認証取得自体はやったことがありません。なぜならば、認証取得しなくても適法に製品化できる方法があるからです。

　この部では、実際の製品化における認証取得の実務について簡単にご紹介します。

2　技適

　「技適」という言葉はお聞きになったことがある方も多いかと思います。では、「技適」とは、どんな言葉の略称なのでしょうか？実は、「技適」は、以下２つの制度のそれぞれの略称なのです。

1. 技術基準適合認定（電気通信事業法第53条に基づく認定）
2. 技術基準適合証明（電波法第38条の２に基づく証明）

　この２つの制度名を略すと、どちらも、「技適」になります。

　１．は、電話機やスマホなどの通信機器を、NTT・KDDI・ソフトバンクといった電気通信事業者の回線などに接続するための技術基準に適合していることを認定する（電気通信事業法第53条）制度です。この認定では、通信機器が無線通信をするかどうかは関係ありません。無線通信をしない機器でも、電気通信事業者の回線に接続する場合は対象になります。

　本稿では、Wi-FiやBluetooth等の無線通信を使用した製品をリリースする際に必要となる、２．の技術基準適合証明についてお話したいと思います。

　日本国内で電波を送信する機器を使用するには、原則として免許が必要となります。しかしながら、免許を受けなくても使用できる場合がいくつかあります。（電波法第４条）

　例えば、電波の強さが著しく微弱な場合などがあります。その中の１つに、いわゆる「技適」を取得している商品を使用する場合があります。

なお、条文上では、このような商品の事を、「適合表示無線設備」と表記しています。

まずは、実際の認証表示をいくつか見てみたいと思います。

ユカイ工学 konashi

http://konashi.ux-xu.com/

認証番号：011-120018

ユニ電子　UNI-01-A002

http://www.uni-elec.co.jp/web.pdf

認証番号：011-120018

　この2つの商品は、メーカーも異なる別の商品ではありますが、表記されている認証番号は同じです。では、この番号の認証がどのような内容なのかを見てみましょう。認証の内容は、総務省のホームページから検索することが可能です。

技術基準適合証明等を受けた機器の検索
http://www.tele.soumu.go.jp/giteki/SearchServlet?pageID=js01

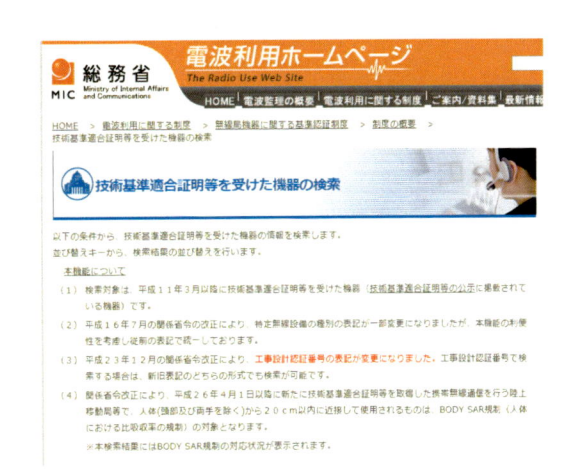

　表示されている認証番号 "011-120018" で検索をしてみると、先に挙げたメーカーとは異なる、"ミツミ電機" という会社が、"WML-C69" という名称で取得していることが分かります。

登録証明機関による工事設計認証に関する詳細情報	
工事設計認証番号	011－120018
工事設計認証をした年月日	平成24年4月27日
工事設計認証を受けた者の氏名又は名称	ミツミ電機株式会社
工事設計認証を受けた特定無線設備の種別	第2条第19号に規定する特定無線設備
工事設計認証を受けた特定無線設備の型式又は名称	WML－C69
電波の型式、周波数及び空中線電力	F1D　2402～2480MHz（2000kHz間隔40波）　0.006W
スプリアス規定	新スプリアス規定
BODY SAR	－
備考	

　さらに、実際の認証表示をいくつか見比べてみたいと思います。

ホシデン　HRM1026

http://www.hosiden.co.jp/news/product/hrm1026.html

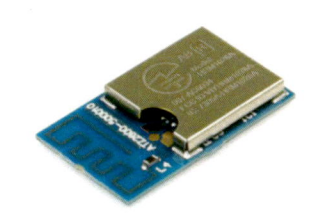

認証番号：007-AC0034

富士通コンポーネント　MBH7BLZ01A

http://www.fujitsu.com/jp/group/fcl/resources/news/press-releases/2016/20161025.html

認証番号：007-AB0237

　これらは、Bluetoothの通信をする "モジュール" と呼ばれる電子部品です。このモジュールでは製品としての機能は何もなく、電子基板の部品として使用されて組み込まれることで、最初に見てきたような商品となります。しかしながら、認証番号はモジュール上に刻印されています。モジュール上に認証表示があるのは、先に挙げたユカイ工学「konashi」や、ユニ電子「UNI-01-A002」も同様に、製品自身ではなく基板に搭載されているモジュール上に認証番号が表示されています。

　今までは、認証についてお話してきましたが、さて、この認証というのは、"何に対して" の認証でしょうか？

　実は、電波法における適合を確認する制度は3つあります。

1. 技術基準適合証明（電波法第38条の6）
2. 工事設計認証（電波法第38条の24）
3. 技術基準適合自己確認（電波法第38条の33）

　そして、先のモジュールに対しての認証は、2. の「工事設計認証」にあたります。1. が電波法における、いわゆる「技適」です。3. は、コードレス電話機や携帯・PHS電話機等に対しての制度のため、本稿では詳細を割愛します。前述の総務省の機器の検索ページから、どの認証制度に基づく認証であるかを確認することができます。

　それでは、技術基準適合証明と、工事設計認証は何が違うのでしょうか？具体的に、無線通信を使う商品を開発するケースで見ていきたいと思います。商品に無線機能を組み込む場合、手法は大きく分けて2つあります。

1. 無線通信機能を新たに開発して基板に組み込む
2. 無線通信機能を持つモジュール部品を基板に組み込む

　それぞれの手法にはメリット・デメリットがそれぞれありますので、どちらの方法もよく使われます。そして、「適合表示無線設備」の観点からみると、それぞれ適用される認証制度が異なります。1. では、技術基準適合証明となり、2. では、工事設計認証となります。技術基準適合証明では、製品（特定無線設備）に対して、技術基準に適合しているかを判定し認証します。この場合、製品化をしている方ご自身が主体となって認証を取得します。認証取得の際に数台のサンプルに対して検査があります。一方で、工事設計認証は、製品の設計図や、製造段階の品質に対しての認証となります。技術基準適合証明とは異なり、認証取得の際に検査をするのは1台だけです。モジュールに対しての認証、とすると、工事設計認証という名称は若干の違和感を覚えるかもしれません。近年、部品の小型化が進んで、無線通信機能をモジュール部品として作れるようになりました。それに伴い、「モジュール認証」という考え方が生まれました。それに対する考え方は、"製品"に対する認証で「製品認証」と呼びます。日本では、モジュール認証への対応方法として、モジュールを、「モジュール上の特定無線設備」と定義し、従来の工事設計認証の制度で対応させることにしました。その結果、工事設計認証を取得しているモジュールを使用して商品を作れば、製品自体で技術基準適合証明を取得しないでも、無線通信モジュールを使用し、モジュールメーカーが取得している工事設計認証の通りに設計すること

で電波を送信することができる認証を取得済みの製品を作れるようになりました。モジュール認証の場合、認証取得の主体はモジュール部品のメーカーになります。認証済みのモジュールを使用して製品化した場合も、技適マーク及び技適番号を表示する必要があります。ここで表示する技適番号は、モジュール部品メーカーが取得した工事設計認証の番号を転記することとなります。

なお、モジュールの外にアンテナが付けられるような場合でも、工事設計認証の取得が可能です。この場合は、モジュールとアンテナの組み合わせで認証を取得することになります。その為、複数のアンテナの中から、必要に応じて任意のアンテナを選択できるモジュールもあります。

ちなみに、モジュール認証の制度が世界中のすべての国であるわけではありません。例えば、アメリカ合衆国のFCCでは、モジュール認証の考え方はありません。製品に対して認証を取得する必要があります。ただし、認証済みのモジュールを使用している場合、製品認証の取得が簡単になるという制度はあります。

余談ではありますが、"技適"は日本独自の認証です。海外の認証機関でも技適の取得をすることができますが、日本独自とは言え、「Giteki Certification」では通じません。英語にすると「MIR Certification」(経産省認証)となります。海外の認証機関や、部品仕入れ先などのやり取りをする際にはご注意のほどを。

簡単にまとめると、工事設計認証を取得しているモジュールを使用して製造した商品は、製品に対して技術基準適合証明を取得しなくてもリリースが可能、ということです。

参考資料

総務省　電波利用ホームページ
http://www.tele.soumu.go.jp/j/adm/monitoring/summary/qa/giteki_mark/
法令データベース　電波法
http://elaws.e-gov.go.jp/search/elawsSearch/elaws_search/lsg0500/detail?lawId=325AC0000000131&openerCode=1
日本における無線通信機器の基準認証制度の概要（総務省総合通信基盤局　電波環境課認証推進室）
http://www.jate.or.jp/jp/chousa/contents/pdf/mic-mra.musen01.pdf
日本の「モジュール認証等」の検討状況　ICCJ ガイドライン WG
http://www.tele.soumu.go.jp/resource/j/equ/mra/pdf/24/j-05.pdf

3　PSEマーク

PSEマークというものを聞かれたことのある方は多いかと思います。では、PSEマークとは何のことなのでしょうか？

PSEマークの根拠法は、電気用品安全法です。PSマークとは、この法律および関連する政令・省令などで定められた安全基準に適当した電気製品に表示されるものです。

特定電気用品　　　　　　特定電気用品以外の電気用品

電気用品を製造または輸入を行う事業者に対して、基準に適合するようにすることは義務付けられています。しかし、技適マークとは異な

り、実は PSE マークを表示することは義務付けられていません。したがって、PSE マークがないからと言って、直ちに適法ではない商品、ということではありません。

「電気用品」とは、建物に設置されているコンセントに接続して、用いられる機械、器具又は材料のことです。（電気用品安全法第 2 条）そのうち、特に危険又は障害の発生するおそれが多い電気用品を、特定電気用品として定めています。特定電気用品に対しては、◇形の PSE マークが付されます。特定電気用品、特定電気用品以外の電気用品の一覧は、経済産業省のホームページに記されています。また、どの用品にあたるのかわかりにくいような用品や、同法の対象・非対象について不定期に同省のホームページ 6 に法解釈についての情報が公開されます。

これらの情報を基に、電気用品安全法に準拠した商品をリリースする方法についてお話したいと思います。下写真に例示した 2 つの商品は、どちらも、バッファロー社製の、5 ポートのスイッチングハブの裏面の写真です。

LSW4-TX-5NP-WH

LSW4-TX-5EP-WHD

この 2 つの商品、どちらも「電気用品」でしょうか？実は、右側の商品は電気用品ではありません。なぜでしょうか？先にも述べた通り、電気用品とは、建物に設置されているコンセントに接続して、用いられる機械です。左側は、電源が内蔵されており、眼鏡型の AC ケーブルを経由して、コンセントに直接接続されます。右側は

どうでしょうか？右側は AC アダプタータイプです。コンセントに直接接続されるのは AC アダプターです。したがって、AC アダプターは電気用品となります が、AC アダプターに接続されているハブ本体は、コンセントに直接接続されないので、実は電気用品ではありません。その為、ハブ本体は同法の適用対象外となり、PSE マークを付する対象ではなくなります。現在では、AC アダプターを内製することはほとんどなく、AC アダプターのベンダーから購入して商品に添付します。ちなみに、AC アダプターは、特定電気用品の中の直流電源装置という扱いとなり、特定電気用品としての技術上の基準に適合させる必要があります。

このように、AC アダプターを使用するように商品を設計すれば、本体は、電気用品ではなくなりますので、商品自身に対して PSE マークに適合するかどうかの評価をする必要がなくなります。ただし、電気用品安全法において定義（電気用品安全法第 3 条）されている事業届け出は、AC アダプターを購入して商品に添付する形態の商品しか扱わない場合でも必要となる場合があります。なぜならば、ここでいう事業は「電気用品の製造又は輸入の事業」であり、海外製のAC アダプターを商品添付する場合、電気用品の輸入の事業とみなされる可能性があるからです。

メーカーや、小規模スタートアップの方が、商用電源を使用するタイプの電子機器を販売する場合、AC アダプターをベンダーから購入して添付し、経済産業省に、事業の届け出を行うだけで、製品本体の技術上の適合を検討することがなく適法に商品を販売することができるようになります。

参考資料

経済産業省　電気用品安全法ホームページ
http://www.meti.go.jp/policy/consumer/seian/denan/

4 まとめ

今まで見てきたように、認証制度をきちんと理解することで、生産規模や製品の内容に適した手法・コストで、適法な商品をリリースすることが可能となります。

今回は、電波法及び電気用品安全法について述べましたが、電子機器を製品化して販売するには、他にも考慮するべき法律はあります。例えば、PL法（製造物責任法）や、景品表示法（不当景品類及び不当表示防止法）等があります。景品表示法については、UPQやDMM.comのディスプレイ製品のスペック誤表記騒動でご記憶の方も多いかと思います。

このように、量産した電子機器を製品としてリリースするためには、法律面でも多くのことを考慮する必要があります。今後、法律にも関心のあるエンジニアが少しでも増えることを願ってやみません。

なお、この部は、電気通信大学 峯水 延浩先生にご監修頂きました。この場を借りて御礼申し上げます。

ハッカソンから考える法と政策制度～いくつかの論点提示の試み～

みやぎモバイルビジネス研究会 会長／エイチタス株式会社 代表取締役社長　原 亮

1　ハッカソンの広がりと論点のはじまり

技術の一般化と作り手の拡大

ITの進化はあらゆるプロダクトやサービスを生み出し、人々の生活に様々な利便性や快適さをもたらしている。クラウドやセンサー、IoT、ドローン、ブロックチェーン、AR、VR技術も、一般のITエンジニアたちにとって扱いやすい水準となってきたことで、作り手も裾野へと広がり、少人数でユニークなプロダクトやサービスを生み出すことが可能となってきた。

そうした技術を扱って、大企業では実現しにくい創造的かつ革新的なプロダクトやサービスを世に出すベンチャー企業や、さらには、新たな市場を開拓することで急成長を狙う、いわゆるスタートアップを目指す起業家の存在もクローズアップされている。

あらゆる人々が、市場に登場した新しいITを用いて、ユニークなプロダクトやサービスを作れる環境が整ってきたことで、即興と言っていいスピードで試作をすることも可能になってきた。この試作をイベントのような形で、人々が行う場が目立つようになってきた。これがハッカソンと呼ばれる取り組みである。

活用が進むハッカソン

ハッカソンとは、Hack（ハック）とMarathon（マラソン）の掛け合わせによる造語で、ハッカーと称される腕利きのITエンジニアたちが、一堂に会して1日、2日の短期間で、アプリケーションなどの開発を試みる取り組みを指す。近年、国内でもITサービスの試作品を開発するイベントとして、週末に開催されるケースが増えている。

主催者は、企業であったり、自治体であったり、ITコミュニティと呼ばれるITエンジニアの勉強会や団体などが挙げられ、目的も、企業によるサービス創出や、地域課題解決に資するアプリケーションの開発、ITと一次産業など異分野連携の事例づくりなど多様化し、あらゆる場面での活用が進んでいる。

ITの活用によって、社会課題の解決や、新たなビジネスを生み出せるのではないかという期待が、ここ数年で高まっており、実際、ハッカソンをきっかけに作られたアプリケーションが、自治体と連携したサービスとしてリリースされるケースや、一次産業向けのサービスとしてリリースしたチームが、起業をして全国展開をはかる事例も生まれている。

サービス創出の手段としてハッカソンがひろがることで、社会と法、あるいは政策制度の領域に携わる者に、どのような議論が求められていくのか。本稿でいくつかの論点の提示を試みたい。

2　知的財産権とハッカソン

漠然とした不安

ハッカソンを開催する際によく問われるのが、ハッカソンで生み出された作品に発生すると思われる権利とその扱いについてである。

この議論の入り口で、ひとつ留意しておきたいのは、現場においてこの問いを提起するのが、知的財産権などの知識や理解があるわけでもなく、また、何が問題として起こるのかを必ずしも具体的に想定していない人々が多いという点だ。

主催や運営する側にとっては、参加者が生み出す創作物には何かしらの権利が発生し、権利とはすなわち何かしらの紛争を起こしうる要素であり、ハッカソンとは、そうした紛争を生み出す場になるのではないか、という漠然とした不安である。自治体主催でも、企業主催でも、それぞれの担当者からこうした声を聴くことがしばしばある。

参加者の間には、自分たちが生み出した作品にかかる権利を、他の参加者や主催者に奪われてしまうのではないかという不安を抱く者もいる。実際、コンテスト形式で開催されたハッカソンで、受賞作品を利用する権利や発生しうる知的著作権の一切を主催者に帰属させ、かつ対価の支払いも行わないとする規約が掲げられ、反発の声が多くあがったケースもある。

権利に対するイメージこうした問いが発生する背景として、権利とは人と人の間に、厄介ごとを生む不安要素であり、弱者にとって奪い取られるものであるというイメージが、人々の間に浸透しているように見受けられる。権利に対する理解が貧困であるがゆえの事象とも言える

ので、ハッカソンの主催・運営者と参加対象となりうる人々の双方に、知的財産権に関する基本的な理解を促す機会を増やすことが望まれる。

現場での対応

こうした権利関係について、ハッカソンの現場ではどのような扱いになっているのか。多数のハッカソンでは、参加規約を設け、その中で作品等に発生する権利について項目を割いている。

イベント型で開催される際は、作品を生み出したアイデアについて、パブリックドメインとして、第三者が、無償かつ自由に利用できるとすることが多い。また、参加者が自ら秘匿したい情報は場に提示しないことや、作品を作る際に、第三者の権利を侵害しないことなども規約に定められる。また、主催者が開催レポートなどで、参加者の作品やアイデア、または参加者自身の写真、映像、音声などを公開することがある旨が定められるケースもある。

また、主催者が、参加者のアイデアや作品を使ってサービスを起こしたい場合は、主催者に一旦、それらを利用する優先権を持たせ、一定期間が過ぎたら、誰でも自由に利用することができると定められるケースもある。また、主催者側が、参加者のアイデアや作品を使いたい場合は、参加者との間で協議を行う旨が定められることもある。

規約のオープン化とブラッシュアップ　ハッカソンなどで発生しうる権利関係のトラブルを未然に防ぐために、上記のような規約を作ることが一般的になってきたが、その土台として大き

く貢献をしているのが『ハッカソン／メイカソン参加同意書と終了後の確認書およびFAQ』である。これは情報科学芸術大学院大学（IAMAS）の小林茂教授が、水野祐弁護士の監修のもと作成したもので、ソフトウェア開発プロジェクトのための共有ウェブサービス「GitHub」で公開され、主催者、運営者が積み重ねた試行錯誤やノウハウを共有できる仕組みとなっている。多くのハッカソンで参加規約の土台となっている「参加同意書」のほか、ハッカソン終了後に参加者が知的財産権に関する意思表示を行うための「終了後の確認書」も公開されている。

インターネットの世界には、「オープン」という概念がある。これは、単に公開という意味ではなく、生み出されたものがパブリックドメインであること、もしくはオープンなライセンスとして、利用、再頒布、改変、分割、編纂などが自由に行える状態であることを求めるものである。小林教授が提供している『ハッカソン／メイカソン参加同意書と終了後の確認書およびFAQ』についても、それ自体がオープンであり、クリエイティブ・コモンズ・ライセンス【表示-継承 4.0 国際】で提供されている（表示に関する条件または権利も明示的に放棄されている）。

法に触れる機会としてのハッカソン

ハッカソンにおいては、小林教授が築いた土台が適切に運用されることで、標準的なルールが広がってきている。

しかし、それらをアレンジにする際に、法の専門家が介在しないことも多いため、現場で判断に迷うことや、本来の趣旨を逸脱する可能性もある。何より、権利そのものへの理解が不十分であるために、前述のような漠然とした不安が広がっていることもある。ハッカソンで主催者や運営者が、知的財産権の扱いも含めた規約を作るという行為は、一般の人々や組織が、法に関係する定めを自ら作るケースとして捉えてよいだろう。

あらゆる技術が平易に扱えるようになったことで、多くの人々にとって技術的に高度な創作がより身近となり、多様な表現が可能な社会が到来した。それによって、ハッカソンのような場では、ルール自体もまた、多くの人々が自ら定めることが求められている。創ることと、決めることは、絶えず近接しており、創り手の裾野が広がれば、決める人たちの裾野もまた、広がっていく。

ハッカソンに限って言えば、主催者、運営者と参加者、さらには周囲の第三者との間で定めるべきルールについて、権利なるものへの理解と知的財産権に関する理解の双方について、法を扱う仕事をする人々からの発信や、相談窓口が生まれ、容易にアクセスできる環境があることが望まれるのではないだろうか。

3　シビックテックと公共のあり方をどうするか

シビックテックの活躍

近年は、ITを活用することで地域課題の解決をはかろうという試みも広がっている。そうした活動はシビックテックと呼ばれ、Code for Japan や、地域名を冠した CODE for AIZU、Code for Kanazawa といった団体が、各地でコミュニティを形成し、地域課題の可視化や解決に資するアプリケーションの開発で挑戦を続けている。彼らもまた、自治体や地域の住民とともに、ハッカソンを開催することが多い。ここで行われるハッカソンは、地域課題解決に資するプロダクトやサービスの最初の試作を行うもので、従来であれば自治体などの公的機関が担っ

ていたサービスを補完あるいは代替するものを、ITエンジニアたちが担おうとする活動として位置付けることができる。

都市型社会と市民

自治体からも市民参画、市民協働という言葉が掲げられて久しいが、シビックテックで活躍するITエンジニアは、ITに関するスキルをもって地域課題解決に参画をする市民ととらえてよいだろう。

市民とは不特定多数の無個性かつ抽象的な、マスの中の一員というイメージを持つ人もいるかもしれない。しかし、高度に都市化をした社会での市民とは、高度な教育と余暇、そしてテクノロジーの進化に支えられ、課題解決の思考やスキルを持つプレイヤーとして、社会に登場し、活躍の場を求め始める存在である。

行政が抱えきれない課題を、市民が自発的に解決を目指す動きが出始め、そのひとつとして、シビックテックの登場はしていると捉えてよいだろう。都市型社会の発展の中で、彼らの登場は時間の問題であったともいえる。

シビックテックが挑む3つの揺さぶり

しかし、彼らの活躍は一足飛びには実現しない。市民とは不特定多数の無個性かつ抽象的な、マスの中の一員であり、行政とは、顔の見えない彼らに対し、あまねく均等に、平等にサービスを提供する責任があると、官民の双方が思っている。シビックテックは、この責任の範囲に3つの揺さぶりをかける。

一つ目は、サービス提供者の責任の分担である。ここで、ひとつの事例を紹介したい。シビックテックのハッカソンで、地域のゴミ出しの情報を発信するアプリケーションを開発し、自治体の担当者に見せにいったときことである。このアプリケーションは、スマートフォンでゴミの種別や曜日、回収場所の確認を多言語でできるもので、作り手としては、生活情報の提供を利便化することで、地域への貢献をかなえたつもりであった。ゴミ出しに関する情報は、当該自治体のWebサイトに掲載されていたものを使用した。

しかし、自治体の担当者は、そのようなアプリケーションのリリースは控えてほしいという反応を示した。地域のゴミの収集は自治体が行っている行政のサービスであり、アプリケーションに誤った情報が掲載された場合、クレームが自治体に集まり、業務が滞るという不安であった。実際、その地域では祝祭日でゴミ回収の有無がイレギュラーで発生するとのことで、クレームが発生する可能性が高いという指摘もあった。一市民がよかれと作ったものの責任を自治体が負うのは不適当であるという文脈である。

二つ目は、イシューの設定である。こちらも事例を話したい。ある自治体で、シビックテックのアイデアソンやハッカソンを開催する事業が組まれた。その際、解決する課題のテーマを、ワークショップに参加をする地域の人々で考えるところからスタートをする設計とした。すると、その自治体の議会で、住民が地域課題の洗い出しをすることへのイメージがわかないとか、自治体が推進すると決めた分野とは異なる課題設定が出てきたらどうするのかといった指摘が、議員からなされた。

自治体において、地域住民の課題を吸い上げ、問題を提起し、意思決定をするのは、本来は議会の役割であり、間接民主主義の制度である。一方で、地域の人々が自分たちで課題を洗い出し、自ら問いを整理するのは、直接民主主義的な手法であり、自治体が業務を遂行するにあたり、両者の整合性をいかにとればいいのか、イメージがわかないのであろう。

だからと言って、自治体が定めた課題、論点のみに寄っていいのかと言うと、Yesとは言い難い。別な自治体で、健康に関する課題を設定

し、シビックテックでハッカソンを行おうとした際のこと。地域住民との対話の集会に参加をし、自治体の職員が健康の課題として、当該自治体の平均寿命の低さとがん検診率の低さを説明し、この地域の健康の課題は、がん検診率を向上させることだ、と断じた。すると参加者からは、そもそも長生きを望んでいない、平均寿命とがん検診率との関係が不明瞭だ、など反発の声が多数あがった。

自治体は地域をマクロの視点でとらえ、課題を設定する。上記の事例には、行政職員が地域住民へその課題を「ご説明」をして「ご理解を求める」という構図があった。しかしそれは、ひとりひとりの課題や欲求と必ずしもマッチしない。

三つ目は、上記二点を踏まえた行政の情報の扱い方である。ここ数年、オープンデータの利活用が国内でも叫ばれている。しかし、自治体からのオープンデータの開放は、道半ばである。オープンデータの「オープン」とは、前述した説明のとおり、単に公開という意味ではなく、生み出されたものがパブリックドメインであること、もしくはオープンなライセンスとして、利用、再頒布、改変、分割、編纂などが自由に行える状態であることを求めるものである。

しかし、自治体職員がオープンという言葉から連想できるのは「公開」である。Webサイトに掲載していれば公開であり、情報公開制度があれば公開であり、それで十分ではないかと、訝しげな反応を示す。ところが、だれでも自由に利用、再頒布、改変、分割、編纂などが行える状態でデータを出せという話になると、だれがどう使うかわからないものは容易に出しづらいという反応に変わる。利用が定かでないものに業務の時間を割きたくないという実務上の事情もあるが、何より、だれかが何か誤った利用をしたことで、自治体は責任を負えないという、先ほどのゴミ出しアプリと同じ問題を、不安視する声が大きい。

公共の担い手を再設計する

これらの状況の背景を整理すると以下のようなことが言える。

自治体は、人口減・少子高齢化対策さらには産業活性化など、先鋭化する地域課題を多数抱ええている。地域特性を反映した施策が必要で、社会資本・社会保険の拡充、地域の生産力の整備などを進めるために、独自の自治体計画やシビル・ミニマムを策定しなければならない。しかし、地域のニーズは多様化する反面、慢性的な財政難に苦しんでいる実態があるほか、市民の能力向上により課題解決の力は相対的に劣化をし、さらには縦割りによるパフォーマンス低下もある。自治体が担ってきた責任と役割は、再分担が必要となっている。

それに対し、サービスの受け手である市民は、あらゆる利害の当事者であり、高度に都市化した社会では、ライフラインの利用、社会保険の適用、交通・施設の利用など、生活の大半が、行政が担っている政策制度に左右されている。一方で、市民の間からは、高度な専門性を持つ職業人が多数現れ、IT活用の知見とスキルや社会問題の調査実証において、行政職員をしのぐ専門性を有するに至っている。ITの進展により求められるスキルの水準が下がってきたことで、シビックテックのような活動にも関わりやすくなったほか、高度な調査分析考察を行う市民層の登場と拡大も見られてきた。ハッカソンではITエンジニアとして活躍する人が、職業上の専門であるコンサルティング能力を活かして、シビックテックの活動として、出身自治体や周辺地域に助言を行うケースも出ている。市民は、地域の課題に対し、解決の当事者としていつでも関われる状態にある。

責任と役割を再分担すべき自治体は、市民が地域の課題の設定から解決まで関われる参加システムを独創的に構成し、市民へ日常的な批判と参画を促し、その創意を結集し、市民ととも

に立法権および行政権を行使できる仕組みをデザインしてはどうだろうか。

オープンデータも、単なるお知らせである「広報情報」から、政策制度を作る前の検討議論の素材となる情報として、地域で直面している多様な課題を争点として提示する「争点情報」、自治体の地域特性、政策構造がわかる「基礎情報」、個別の課題を解決するための技術的な情報となる「専門情報」などを政策情報として開放していくことが求められる。

解釈から立法へ

これらのイメージは、オープンデータやシビックテック、ハッカソンという言葉がなかった1990年代に、すでに政治学者の松下圭一氏（故人）が提唱しているものである。ここで希求されているのは、課題解決に高度な能力を発揮しうる人々が、その担い手となり、その参画の仕組みや、個別の課題解決のプロセスだ。シビックテックのハッカソンもその中に組み込まれる一手段であり、それらのデザインは法によって描かれるものだろう。

法を扱う人も、技術を扱う人も、自らの関わり方についても創造的であるべきで、オープンの定義や直接民主主義といった言葉を念頭に置いた上で、自らの知見をどのように社会へ還元していくことが望ましいのか、議論の場を増やしてはどうだろうか。

4　技術と法が社会を発展させる

技術だけでは社会は発展しない

ITが革新的かつ魅力的なのは、その活用によってヒト、カネ、モノ、情報の流れが劇的に変わり、人々の暮らしに何らかの向上がはかられるからだろう。これは何もITに限った話ではなく、古くは自動車の発明も同様だったはずだ。最近は特にITによる新たなサービスの登場が目覚ましく、シェアリングエコノミーという新たなビジネスモデルも登場した。海外のサービスの躍進は目覚ましく、Airbnbのような民泊サービスやUberといった運転サービスも、国内で急速に広まっている。しかし、これらのサービスには、既存の法に抵触するのではないかという議論が絶えない。

技術の発展は新しいサービスを生み、人の生活に利便性や快適さをもたらすが、既存の社会のルールがそれらの登場を想定しないため、法律への違反を含めた既存の社会システムとの不整合を起こす。新しいルールを定め、社会を適切に発展させるために技術とそれによって生まれるプロダクトやサービスを、世に広めていくことが求められる。

先に挙げた自動車も登場間もない頃のイギリスでは、旗を掲げる馬車に先導され、そのあとを走らなければならないというルールがあった。そこから年月を重ね、日本でも道路関連、交通関連、環境関連、工業規格関連、さらには貿易関連など、あらゆる分野で自動車がある社会を前提とした法が膨大に作られ、現代の自動車社会が成り立っている。ITについても、まさにその入口に差し掛かり、膨大な法の整備が待ち構えているのではないだろうか。

法で人の意識が変わる

個人情報について人々が過敏になったのは、インターネットの普及とそれに伴う個人情報保護法の制定のあたりだったことは、記憶に新しい。また、著作物の利用や二次創作に関するあ

らゆる問題意識が提起されるようになったのも、二次創作を発表できるWebサービスの普及と、ライセンス管理団体との利害調整が発生したことによるところが大きいだろう。ITによる新たなプロダクトやサービスの創出により、法がどう対応するかで人の意識が形成され、人と人、組織と組織の関係も変わってくる。

法社会制度ハッカソンという試み

　こうした問題意識のもと、IT業界や法を扱う人々の有志による「法社会制度ハッカソン」という試みが行われている。ハッカソンと言っても、創作するのはアプリケーションではなく、法社会制度のプロトタイプを作ろうというものだ。具体的には、ドローン、シェアリングエコノミー、宇宙ビジネスなど、社会に変革をもたらしうるテクノロジーや、それによって生まれるビジネスを題材にして、それらが広まった社会で必要な法や社会制度を描いてみるという取り組みである。

　たとえばドローンであれば、10年後の社会において、ドローンが普及した世界でどのようなサービスが生まれているのか、アイデアを出し合う。すると、個人に衛星のように張り付くドローンや、地域の商品を運搬するドローンなどのアイデアが出る。次いで、それらが実現するための、社会ビジョン、現状における課題や悩み、ビジョンを実現する法社会制度を描いていく。1日のワークショップなので、緻密に描き切れるものではないが、法を創造するという視点で、社会像から必要であろう制度までを考えることができる。

テクノロジーと法、そして政治

　元々の執筆の命題であったハッカソンと知的財産権から大きく論点が広がりすぎたが、これらはすべて一本の線で繋がっている。サービス創出の手段としてハッカソンがひろがるとしたら、ハッカソンとは、人々が体験できる新たな価値を表現するプロトタイピングの場となる。解決すべき課題の具体的な当事者が目の前にいて、ITで解決をはかる作り手が、ロジカルな問いの整理と、エモーショナルな創意の発揮を通じて、世の中に小さな一石を投じる。その一石は、ハッカソン以降のプロセスで、社会にポジティブな変革をもたらすサービスとなる。

　そのとき、法は新しい自由と秩序を獲得するための進化が求められ、その議論は、法を扱う人々のみならず、課題の当事者や解決の担い手たちとともに行われていくことになる。一方で、規制と支援の両面で、人々の暮らしや産業の発展を支えた行政は、単体では課題解決のすべてを担うことができない。

　最終的に創造されるべきは、ハッカソンを通じて生まれるITサービスではなく、その先にある新しい自由と秩序であると考えた場合、法とは解釈のみならず、創造するものとして広く認知を得るべきものであり、これまで行政が事実上大半を担ってきた立法のあり方も、再検討の時期に達しているのではないだろうか。たとえば、ハッカソンで経験を積んだシビックテックのエンジニアが、地域の立法を担うために地方議会の議員になるかもしれない。オープンの定義に則った社会像を描き、憲法を語る政党が現れるかもしれない。そのとき、彼の背後を支えるのはどんなプレイヤーたちであろうか。

　ITエンジニアと法を扱う人々に共通するのは、物事をロジカルに考え、その整合性を強く意識する点である。現状の枠の中で物事を整理するのではなく、あらゆる挑戦とそこから生まれる多様なイレギュラーを包含した社会を描くべく、その力を存分に活かしていく。ハッカソンはそのための小さな実験の場だと感じてもらえれば幸いである。

エンタメと知財分科会とは〜1年半の軌跡〜

知的財産マネジメント研究会 Smips エンタメと知財分科会共同オーガナイザー　新井秀美

1　きっかけ

「(研究現場の知財分科会オーガナイザーの) 山田さんが同じ感じのことを言っているから一緒にやってみたら？」と隅蔵先生からおっしゃっていただいたことをきっかけに、エンタメ周りの知財で学術的なお話ではなく現場に近い、実務を交えたお話をしてくれる方にご登壇をお願いしてきました。テーマとしてはアニメ・音楽・VR といった最新技術・web における時事問題などで、毎回 40〜100 人ほどの方にご参加いただいています。

　私がご依頼させていただいてるほとんどの方は飛び込み依頼です、にもかかわらずご快諾いただいています。いつも感謝しております！

2　1年半の間にご登壇いただいた方々

　(☆は私がテーマ設定や登壇依頼をした回)。

2016/04/16

攻殻機動隊 REALIZE PROJECT はなぜ実現した？現実と SF を繋ぐコンテンツ IP の力

　株式会社コモンズ 代表取締役

　攻殻機動隊 REALIZE PROJECT 事務局 統括顧問 / 事務総長　武藤 博昭さま

　【攻殻機動隊 REALIZE PROJECT に私がかかわらせていただいて間もない頃、クローズド環境で行われ実際に特許出願に至ったハッカソンの事例、コンテンツ IP を使った事業化における海外展開などについてご講演いただきました。】

2016/05/14

今後の音楽著作権の在り方とは？ネットでつながる社会においていかに音楽製作者はお金を稼ぐべきか

　株式会社東京谷口総研　代表取締役社長

　元エイベックス・ミュージック・パブリッシング代表取締役社長　谷口 元さま

　【作曲家にパトロンがいた時代から著作物を CD などの物理的なモノで販売することで著作権収入を得ていた時代からサブスクリプションサービス、そして投げ銭というスポンサーがまた出てくる時代になってきた流れを海外の事例も交え、ご講演いただきました。】

2016/06/11

AI の試行の果てに生まれたドラマ〜AI に小説原作者の権利は与えられるか〜

　東京大学 大学院工学系研究科 システム創成学専攻 准教授　鳥海 不二夫 さま

2016/07/09

VR 元年の今こそ学ぶ VR の基礎と現状〜日本の VR 技術は世界で存在感を発揮できるのか〜

　【さまざまな VR コンテンツクリエーターの方々にお越しいただき、制作話と展示体験会を兼ね

た懇親会を開催しました。】

■参加クリエーター・起業家

・渡邊課さま
全天球映像を用いた実写VR

・現代美術家　彫刻家　鈴木一太郎さま
当時まだ出たばかりだったTiltBlushやVR空間で彫刻を弓で壊すコンテンツを制作。美術館への興味を促すコンテンツ制作についてのお話など。

・VoxcellDesignさま
VR空間でネイルアートの体験ができるコンテンツ制作について。

・AMATELUS Inc.代表・松田光秀さま
ご自身が開発したオープンソースのWeb3D/VRライブラリ「Solufa（ソルファ）」事例、RICOHシータを用いて動いているものを映さずライブ配信の実演。

・ウダサンさま
どこの展示でもいつも長蛇の列となっているVRPRG「ソード&プリンセス」展示。

・わっふるめーかーさま
仮想空間でお絵描きをする「ペンタＶＲ」展示。

2016/10/15☆

ネットが生み出したボーダレス社会における情報発信と著作権

前参議院議員　山田太郎さま
【この年の参議院選挙で29万票という膨大な票を得たにもかかわらず落選した直後にお越しいただきました。有害図書やTPPについてご講演いただきました。】

2016/11/12

触感VRによって生まれる新しいエンタメ体験とは

H2L株式会社　代表取締役　岩崎 健一郎さま

2016/12/10☆

webメディアにおけるSEOと著作権 - 各社の対応とこれからのwebメディア

ランダーブルー株式会社　代表取締役　コンサルタント　永江 一石さま
【医療系情報サイトWELQ問題が勃発した直後、

Twitterで積極的に発言していらっしゃった永江さんにお越しいただきました。講演内容は下記にて寄稿しています。】

永江一石さんが語った、WebメディアにおけるSEOと著作権、その利活用例とは？ | CodeIQ　MAGAZINEhttps://codeiq.jp/magazine/2017/01/48532/

2017/1/14

エンタメ系IT業界の動向まるわかり!?　登壇者が気になる話題をぶつけ合うエンタメ知財座談会

株式会社コロプラ　佐竹 星爾　さま
株式会社ドワンゴ　湯浅 竜　さま
安高特許会計事務所　安高 史朗　さま

2017/5/13☆

絶版書を用いた電子書籍ビジネスとアーカイブ構築　～海賊版を倒せる唯一の方法～

株式会社Ｊコミックテラス　取締役会長　公益社団法人日本漫画家協会 理事　赤松 健さま
【大学のWifiからでは接続できないサイトまで、現状の漫画の違法配信の現状を赤裸々にお話しいただけたことと同時に、作者の確認が取れないままにネット上で流通している作品の取り扱いについて投げかけられた点もあり、未解決な領域であることを再認識しました。】

2017/6/10

日本のオタク文化と似て非なる「海外のアキバカルチャー」その成り立ちと最新事情に迫る

インテグリカルチャー株式会社 代表取締役
羽生 雄毅さま

2017/7/8☆

「技術と法律」～データの利活用とデジタル時代の法律設計（全体セッション）

・オープニングセッション
政策研究大学院大学 教授　隅蔵 康一さま
・「可視化法学の概要、ソフトウェアプログラマーから見たcode(ソースコード) ≒ code(法令)について」
ソフトウエアエンジニア　芝尾 幸一郎さま
・「ライブ演出でのレーザーや電波を発する際、

国内外の電波法などの規制をどう気づき安全を確保するか」

　hi-farm　Laserist, programmer　武内 満さま

・「法律の壁を乗り越えるスタートアップ事例紹介」

　パロット行政書士事務所　行政書士　新井秀美

　（分科会）

・「レギュラトリー・サンドボックスの概要」

　株式会社　野村総合研究所　金融ITイノベーション事業本部　FinTech研究室　上級研究員　柏木 亮二さま

・「メガバンクがパブリッククラウドを採用する背景〜クラウドと金融庁/FISCの最新動向」

　社団法人クラウド利用促進機構　運営委員　渥美 俊英さま

・「技術と法律は友好関係を築けるか？ - 生体情報、データ分析を射程に捉える個人情報保護法から考える」

　弁護士法人内田・鮫島法律事務所　弁護士

　日置 巴美さま

【法律の規制があるものの、技術の発展による規制の緩和・撤廃もしくは規制の趣旨を考え直さなければならない事例が目まぐるしいスピードで展開されている中で、本当に現状対応しなければならないことは何なのか、また技術的にできることは何なのかなど、全体セッションから分科会までの3時間を様々な方面からお話しいただきました。この方向性でやれることが結構あるなと頭の中で整理された回でした。】

2017/10/14☆

エンジニアと法律家をつなぐcodeとお互いを学べる書籍

　講師：翻訳家 山形浩生さま

【前回を踏まえ、この本を作ることも前提にあったのでアーキテクチャと読むべき本についてお話をお伺いしました。深センでのメイカー話もあり。トピックに上がった本など、資料はこちら。http://cruel.org/candybox/law_code_innovation.pptx】

3　今後について

　技術をいかにエンタメに落とし込み、技術の細かいことがわからない人にも楽しんでもらえるか、生活になじむか、ビジネスにおいては広くコモディティ化することでマネタイズするポイントとなる。ただ作りたいものに対してその最新技術が必要なのかは考えどころだと思う。ソリューションとして全部が全部、最新技術を使う必要はないものの、知っておくべきだとは思う。この観点から、ブロックチェーンは外せないと思っています。

　そしてイグノーベル賞も受賞した粘菌など、バイオ領域にも、種子法が廃止されたこともあり、農業を巡る知的財産とビジネス・アートとのかかわりを深堀りしていきたいと思っています。

　またメイカーについても個々が好きなものを作っていたところから、小中規模の量産化によって1人メイカーとして製造販売しているケースにおける知財や、オープンソース・オープンデータによって作られた創作物の著作権も取り扱っていく予定です。

illustration by yco tange

エンタメと知財分科会webサイト

http://entertainment-ip.strikingly.com/

あとがき

1 なぜこの本を作ろうと思ったのか。

とても端的にいえば新しいものが見たい！という思いが気づけばこうなったということです。

IoT、XR、ブロックチェーン、なんちゃらTech、バイオなど技術を用いたアート作品を始めとした制作物や、よく考えるなーというビジネスモデルが面白い。具体的なモノを作れはしないのですごいなーとただ見ていただけだったのが、ハッカソンに出てから、作るとは言われたモノを作ることではなく、聞かれたことに意見申し上げることでもなく、「やれることを自ら見つけやっていくこと」と考えるようになりました。

元々自分で始めたウェブサービスを介してこういう世界を作りたいと言う野望があって、日々あちこち拝見させていただいているのですが、やっぱり作ってる人に聞くのは楽しい。メンタルが何度となく崩れるだろうけど頑張っていただきたい。もがいているのならば何かしら一緒に考えていく方向性をアウトプットしたいと思っています。

法律界隈の人にエンジニア・クリエーターさんからお声がかかるときはもうすでに何かができているか、やりたいことがある程度決まっている、例えると、0→1は始まっている。で、次に1→10や100となっていく段階です。

ジャストアイディアの段階でエンジニアやクリエーターの卵とフランクに話ができる場所があちこちにあればかえってリーガルリテラシーにも貢献するはず、と考えています。

法律は人の生活を豊かにし、生命身体を守るためのルールであるにもかかわらず、法律があるからダメ！と杓子定規にふるまう行為が横行しているように思います。ルールにとらわれてかえって悪く足かせになっていることは法に携わる者として悲しい。

2 研究会とStudyCode勉強会を主催しています

まえがきを書いている足立さんと私はほぼ月に1回、政策研究大学院大学にて行われているSmips（知財マネジメント研究会）オーガナイザーをしています。足立さんは知財関連法を含め最新の改正法の解説などをする法律実務分科会を、私は前述のエンタメと知財分科会を担当しています。参加は無料でどなたでもご参加可能、ぜひ遊びに来て

ください（http://www.smips.jp/）

　そしてさらに2017年9月からはSmipsのスピンオフとしてStudyCodeというエンジニアと法律家がお互い学びあう勉強会を始めました。（https://studycode.connpass.com/）。StudyCodeでは法律に興味あるエンジニアさんの登壇者も募集しています。こういうことが話せるので、法律家側の意見が聞きたいとかあったらぜひ投げかけてください。いつの日かビジネスが生まれたり、ブレイクスルーのきっかけがあったりしたら泣いて喜びます。型を知った上で破ることがイノベーションだと思います。業種の壁を越えてイノベーションを起こせるよう継続していきます。どちらの会も活発な議論を歓迎していますので、ぜひご参加ください。

3　最後に

　そして執筆陣のみなさま、誰一人として暇な人はいないのに即答で協力してくれた人たちばかりです。みんな個々人で活動している人も含め、あらゆる面からサポートしたいと考えている人たちです。こういった方々とご一緒できることはとても光栄であり、ご紹介くださった方々含め感謝の気持ちでいっぱいです。本当にありがとうございました。

新井秀美

執筆者・監修者紹介

伊藤 太一 （いとう たいち）

弁護士法人淀屋橋・山上合同　弁護士

弁護士・応用情報技術者・測量士補・危険物取扱者甲種・マイナンバー検定1級・元裁判官。5年間裁判官として勤務し、判事補及び検事の弁護士職務経験に関する法律に基づき、2年の紐付きではあるものの弁護士業を満喫中。

いわゆる資格マニアの元理系（化学）ロイヤーです。

日置 巴美 （ひおき ともみ）

弁護士法人内田・鮫島法律事務所 弁護士

2008年新司法試験合格。2013年9月から2016年6月までの間、消費者庁消費者制度課政策企画専門官、内閣官房情報通信技術（IT）総合戦略室参事官補佐、個人情報保護委員会事務局参事官補佐を務め、2015年の改正個人情報保護法の立案から同法施行令、施行規則の立案を担当。その他、国会議員政策担当秘書を歴任。現在は、弁護士として情報活用に関するリーガルサービスを中心とした実務に携わる。

木下 忠 （きのした ただし）

東北大学国際集積エレクトロニクス研究開発センター戦略企画部門教授。弁理士・中小企業診断士。IoT知財ビジネス研究会を主催(FBページhttps://www.facebook.com/IoTipbiz)。東北大学大学院講師、特許庁審査官、東北大学産学連携推進本部知的財産部を経て現職。本業の傍らスタートアップや個人・中小企業の知財活用を支援している。

Amazon電子書籍(kindle)にて『IoT特許事例集2016』好評発売中。

足立 昌聰 （あだち まさとし）

東京大学工学部システム創成学科生体情報システムコース、同大学院法学政治学研究科法曹養成専攻修了。弁護士登録後、外国法共同事業ジョーンズ・デイ法律事務所を経て、現在は弁護士活動を休止し、特許庁で法制専門官として執務中。弁理士、情報処理安全確保支援士（登録セキスペ）、MCPC認定IoTシステム技術者（中級）。

隅藏 康一 （すみくら こういち）

政策研究大学院大学　教授

東京大学理学部生物化学科卒業、同修士課程修了。東京大学大学院工学系研究科先端学際工学専攻にて1998年に博士（工学）の学位を取得。同年より東京大学先端科学技術研究センター客員助手、1999年より同センター助手。2001年より政策研究大学院大学助教授、2007年より同准教授、2016年より同教授（現在に至る）。2012年6月より2015年5月まで、文部科学省科学技術・学術政策研究所（NISTEP）第2研究グループ総括主任研究官を兼務。主な著書に『幹細胞の特許戦略』（隅藏・竹田共編著、発明協会、2011年）、『知的財産政策とマネジメント』（隅藏編著、白桃書房、2008年）など。

新井 秀美 （あらい ひでみ）

パロット行政書士事務所　行政書士

大阪大学法学部卒。IT系や許認可グレー領域に関する起業相談や外国人向けのビザ申請の業務を得意とする。知的財産マネジメント研究会Smipsエンタメと知財分科会共同オーガナイザー/エンジニアと法律家のための勉強会Study Code共同主催者を兼ねる。フェチ東京を運営していたため、クリエイティブなエロには寛容。飛行機で行く出張が好きです。電通大ウェブデザインシステムプログラム在籍中。

岩崎 弾 （いわさき だん）

Imagineers'Guild イマジニア(Imagineer = Imagine + Engineer)

在学中より電子回路設計、ファームウェア開発に携わる。開発完了後の製品化・販売立ち上

げも担当。その後もメーカーで、カラオケ用画像処理装置、据え置き型Android機器などの開発・量産を数多く経験。現在は、"Imagineers'Guild"にて、デバイスの試作や開発、量産コンサルティング等に従事。広告制作会社の技術調査/デバイス系装置先行開発チームにも所属している。イマジニアとして、技術と、リアルなマテリアルを組み合わせた作品を好んで制作。夢の国の技術を愛する浦安市民。http://www.imagineers-guild.biz/

峯水 延浩 (みねみず のぶひろ) ※第7部監修

電気通信大学　キャリア教育部会　講師。第一級海上無線通信士　第二級陸上無線技術士　第一級アマチュア無線技士　海事代理士。無線技士とインフラエンジニアと法律家。大学ではPBL形式の授業を受け持つ傍ら、狭小地域向けテレビ放送を実用化するため、無線機器の開発や実験局の運用に従事。エリア放送の実験を大学周辺地域で実施している。デジタルサイネージやセンサーネットワーク、IPTVといった周辺技術との組み合わせで面白いことが出来ないか模索中。近年は、舞台装置や照明制御装置の製作を通してイルミネーション業界にも進出している。

原 亮 (はら りょう)

みやぎモバイルビジネス研究会 会長／エイチタス株式会社 代表取締役社長

1974年生まれ。東京都品川区出身。法政大学法学部政治学科卒。編集者・ライターを経て2004年、仙台に拠点を置くモバイルコンテンツの制作プロダクションへ入社をしてモバイル業界へ。営業、ディレクター、取締役等を歴任したのち、2009年、フリーランスへ転身。同年、地元行政、企業と「みやぎモバイルビジネス研究会」立ち上げ。2011年「Fandroid EAST JAPAN」設立。2014年「Global Lab SENDAI」代表幹事。団体や企業を立ち上げながら、地域で自走する人や組織、社会を作るための活動を展開。地方を舞台に、ITなど新しい分野で活躍するプレーヤーの輩出と場の創造を目指している。2016年2月よりエイチタス株式会社を設立し、代表取締役に就任。主著に『アイデアソン！』(2016年、徳間書店、共著)など。

◎本書スタッフ
アートディレクター/装丁：岡田章志＋GY
表紙イラスト：樋上いたる
編集協力：飯嶋玲子
デジタル編集：栗原 翔

●落丁・乱丁本はお手数ですが、インプレスカスタマーセンターまでお送りください。送料弊社負担に てお取り替えさせ
ていただきます。但し、古書店で購入されたものについてはお取り替えできません。
■読者の窓口
インプレスカスタマーセンター
〒 101-0051
東京都千代田区神田神保町一丁目 105 番地
TEL 03-6837-5016／FAX 03-6837-5023
info@impress.co.jp
■書店／販売店のご注文窓口
株式会社インプレス受注センター
TEL 048-449-8040／FAX 048-449-8041

技術の泉シリーズ

技術と法律

2018年1月19日　初版発行Ver.1.0（PDF版）
2019年4月5日　Ver.1.1

編　者　Smips 技術と法律プロジェクト
編集人　山城 敬
発行人　井芹 昌信
発　行　株式会社インプレスR&D
　　　　〒101-0051
　　　　東京都千代田区神田神保町一丁目105番地
　　　　https://nextpublishing.jp/
発　売　株式会社インプレス
　　　　〒101-0051　東京都千代田区神田神保町一丁目105番地

印刷・製本　京葉流通倉庫株式会社
Printed in Japan

ISBN978-4-8443-9809-7

NextPublishing®

●本書はNextPublishingメソッドによって発行されています。
NextPublishingメソッドは株式会社インプレスR&Dが開発した、電子書籍と印刷書籍を同時発行できる
デジタルファースト型の新出版方式です。https://nextpublishing.jp/